IB Spanish B

Standard and Higher Level

Helena Matthews & Thania Moreno Troya

About this book

Even a native speaker of Spanish won't necessarily score highly on an IB Spanish paper if they are not familiar with IB exam technique. It only took us a few weeks when we first started teaching the IB, to realise that getting a good grade at IB is more a reflection of how well students have mastered concepts of communicative purpose and type of text than how well they know their tenses. As an IB student, you will be exposed to a vast variety of texts, registers and topics, which you should find incredibly exciting and fun. However, you could probably do with some training in order to optimise your performance and score the highest possible grade. This book will guide you in this task. We can proudly say that the approaches that we teach our students have gained them consistently high grades at both Standard and Higher Level, so we recommend that you give them a try.

If you are aiming for a 7, you will have to be able to deal consistently well with every single area of the examination. For this reason, we have tackled all aspects of the Spanish IB course in a way that covers both SL and HL: **Paper 1 (Text Handling)**, **Paper 2 (Written Production)** and **Internal Assessment (Interactive and Individual Oral)**. Whichever grade you are aiming for, we are sure that, after using this guide, you will feel more confident and relaxed in the exams and therefore perform better. Throughout this book, texts and practice exercises will help you understand what the examiners are looking for. All the example questions are written to resemble IB questions and all the model Paper 2 assignments are based on our own students' answers to real IB past paper questions.

We understand that an Individual Oral can be one of the most stressful elements of learning a language, so we have gone beyond suggesting some good topics and giving you a few tips. Four of our students have given us permission to share their Individual Orals with you (go to http://www.osc-ib.com/ib-revision-guides/spanish). This will give you a very clear idea of how you should prepare for yours and what sorts of questions you can expect from your teacher. You will find the transcripts in Chapter 3, so that you can concentrate on the kinds of structures and specific vocabulary that made them such good orals. Finally, we have added our comments on each of the candidates' performance so that you can see what you could try to incorporate into your own Individual Oral and what to leave out.

Within this revision guide, we believe you will find all the advice you need to maximise your performance in the exams and improve your grades in Spanish. The only other thing you can do outside the classroom to improve (apart from going to live in a Spanish speaking country) is practise past papers as much as possible, and your Spanish teacher or IB Coordinator should be able to provide you with these.

We hope you will find this guide user-friendly, helpful and fun.

¡Te deseamos toda la suerte del mundo!

Contents

This is how you will be assessed

Before we start looking in detail at the different skills needed for the exams you will be taking, here is an overview of how you are going to be assessed.

External Assessment

At the end of your second year, you will sit two papers:

- Paper 1 (Reading Comprehension + Written Response to one of the texts)

- Paper 2 (Writing in registers)

Internal assessment

Over the two years, you will do several oral activities in class. These are called Interactive Orals and can range from a discusion on a topic you've just seen in class, to role plays or simply commenting on a film you've watched. In each case, your teacher will give you marks for *Language*, *Cultural Interaction* and *Message*. These activities will not be recorded, but your teacher will need to keep a record of all of them. Only your best performance in the second year will be taken into account.

Some time before the end of your second year, you will do your Individual Oral. (See Chapter 3 for information on the actual task and tips on how to do really well). Your Individual Oral will be recorded and marked by your teacher before it is sent off to be moderated by an external examiner. This examiner will also read your teacher's comments on your best Interactive Oral and if he/she agrees with the mark your teacher gave you, will just calculate the average between the two.

Do make sure you have copies of the Assessment Criteria for each component. Your Spanish teacher should be able to provide you with them.

Assessment outline

	A) Reading Comprehension (questions & answers)	SL=30% HL=27%	
Paper 1 1hr 30mins			**40%**
	B) Written Response (100+ words)	SL=10% HL=13%	
Paper 2 1hr 30mins	**Writing in registers**		**30%**
	Interactive Oral (best group oral mark)	15%	
Internal assessment			**30%**
	Individual Oral (10-12 minutes)	15%	

Now move on to boost your marks in all components!

Chapter 1   Paper 1 (or text handling)

Paper 1 is divided into two sections:

> **Section A: Texts & Questions (at HL Text C is of a literary nature)**
> **Section B: Written Response**

Regardless of whether you do Standard or Higher Level, you will have one and a half hours to complete both sections. This paper carries 40% of your final mark. At SL, Section A is out of 30 and Section B is out of 10. At HL, Section A is out of 40 and Section B is out of 20. The texts tend to increase in difficulty according to the diagram below, so it's worth thinking about dividing your time accordingly. We suggest, as a rough guide, the following timing:

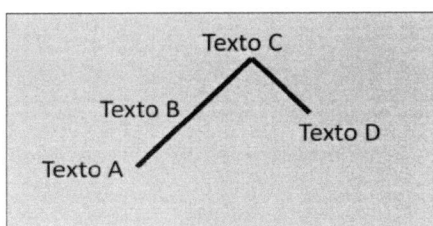

(5 minutes reading time – read the questions first!)

Text A	10 mins
Text B	15 mins
Text C	20 mins
Text D WR	40 mins
Checking	5 mins
	= 1hr30

Texto C
Texto B
Texto D
Texto A

What you need to know about Section A

This section is made up of three different texts, for instance, a report, an interview and an article. All the texts will be related to Hispanic culture in some way. You will have to answer questions that test your comprehension, for example: selecting particular words; finding synonymns; understanding which word a pronoun refers to; inserting missing conjunctions; true or false + justification; multiple choice; selecting phrases that summarise the points of the text. You will **not** be required to rephrase the language in your answers but actually ***copy the word, phrase or sentence which contains the relevant information***, so make sure you do not waste time trying to use your own words. You do not need to use full sentences. If the question asks for ***la palabra***, just select ***one word***. When asked to find synonyms, look carefully at whether they are looking for an adjective, a noun or a verb. If it's a verb, they may give you an infinitive even if in the text it is conjugated. For example, you may need to find "animar" (to encourage) and in the text it will say "alentaba" (used to encourage). In this case you can put "alentaba" (as in the text) or "alentar" (in the infinitive. In all other cases, ***use the exact words from the text***. At **HL**, one of the texts will be of a literary nature (most probably Text C). You will **not** have to analyse it, but will be tested on your comprehension, in the same way as the other texts, and on your understanding of certain images, or the tone of the extract.

What you need to know about Section B

The last text is the stimulus for the Written Response, which is a mixture of reading comprehension and writing. You will be given a task and have to write a minimum of 100 words. You need to select the relevant information from the source text and manipulate it into a different type of text and register. For example, you might read an article about an art exhibition and be asked to write an interview with the artist. You do not need to bring any personal knowledge to the task; the information you provide should ***solely*** be based on the source text. You can use individual words from the text but ***do not lift long sentences from it***. In order to score highly in this task, you must ***read the task extremely carefully***, as only some of the information will be relevant; following on from the previous example, you might be expected to focus on the artist's paintings rather than his/her sculptures. Finally, you should not lose sight of the characteristics of the text you are being asked to produce as this will boost your mark too. Should the register be formal or informal? Does it need a title? An opening and a closing sentence? Should it be written in the present / past / future? Do you need to sign off with a particular name?

In this chapter, we have included a full selection of reading texts and tasks so that you get used to the format and expectations of the different questions and tasks.

What type of questions will I get in Paper 1?

As you might have noticed already, the exam rubrics always use the "usted" form.

Section A: Reading Comprehension questions

	Español	Inglés
1	**Basándose** en el sentido general del texto, elija la opción correcta	**Basing your answers on** the general meaning of the text, choose the most appropriate option
2	**Busque** la palabra del texto que significa	**Find** the word which means
3	**Clasifique** las respuestas según se refieran a X or Y	**Classify** the answers according to whether they refer to X or Y
4	**Complete** el cuadro	**Complete** the table
5	**Conteste** a las preguntas siguientes, indicando si son Verdaderas o Falsas	**Answer** the following questions indicating whether they are True or False
6	**CUIDADO:** Hay más frases de las necesarias	**WATCH OUT:** you won't need all the sentences
7	**Debe dar** tres palabras/ razones para obtener un punto	**You need to provide** three words / reasons to gain one mark
8	**Escriba** las palabras que justifican su respuesta	**Write** the words which justify your answer
9	**Faltan** algunas palabras	**There are** some words **missing**
10	**Indique** las casillas que recojan ideas del texto	**Indicate** the boxes which summarise ideas from the text
11	**Indique** a qué o a quién se refieren las palabras subrayadas	**Indicate** what or who the underlined words refer to
12	**Indique** en cada grupo cuál es la palabra con un significado distinto al de las otras	**Indicate** which word from each group has a different meaning
13	**Indique** las frases que mejor corresponden a lo que ocurre al final de la historia	**Indicate** the sentences which best describe what happens at the end of the story
14	**Lea** las siguientes frases	**Read** the following sentences
15	**Ponga** la letra correspondiente en las casillas	**Enter** the appropriate letter into the boxes
16	**Relacione** los espacios numerados con una de las palabras de la siguiente lista	**Match up** the numbered spaces with one of the words from the following list
17	**Responda** con palabras tomadas del texto las siguientes preguntas	**Answer** the following questions using words from the text
18	**Seleccione** las frases apropiadas de entre las que vienen a continuación	**Select** the appropriate sentences from the ones below

Section B: Written Response

	Español	Inglés
1	**Elabore** un texto titulado…	**Write** a text entitled…
3	**Imagine** que es usted…	**Imagine** that you are…
4	**No se limite a copiar** grandes fragmentos del texto	**Avoid lifting** whole sentences from the text
5	**Realice** la siguiente tarea basándose sólo en la información del texto	**Do** the following task only using information from the text
6	**Redacte** un texto titulado…	**Write** a text entitled…
7	**Escriba** una carta a …	**Write** a letter to…

Texto 1: "Cómo mantener la calma en épocas de crisis"

Sin lugar a dudas, todos pasamos por momentos difíciles a lo largo de nuestra vida. Sin embargo, no todos nos enfrentamos a las situaciones difíciles de la misma manera. La crisis económica que azota nuestro mundo desde hace ya más de un año, está poniendo a prueba nuestra capacidad de mantener la calma, por eso no es mala idea
5   pararse a pensar en nuestro enfoque personal. A continuación te ofrecemos una serie de consejos que esperamos te ayuden:

- No malgastes tus energías pensando en lo que no tienes. Recuerda lo que sí tienes y disfrútalo al máximo: tus amigos y tu familia pueden proporcionarte
10   muchas satisfacciones.

- Recuerda que el dinero no da la felicidad. No nos engañemos, todos hemos conocido a alguien rico y amargado. Aunque el dinero es necesario por muchas razones, no debemos idealizar su valor.
15

- Haz cosas que te relajen y te diviertan en igual medida. Si tienes un hobby, dedícale aún más tiempo, ya que te ayudará a liberar tu mente de pensamientos negativos. Y si no tienes un hobby, éste es el mejor momento para encontrar uno. ¿Qué tal un deporte nuevo como el pádel o el spinning?
20   ¿O un curso que te ayude a sacar tu faceta más creativa? No tienes excusa, nunca ha habido un mejor momento para aprender a dibujar, cocinar o bailar salsa.

- Si ya no puedes permitirte salir a cenar fuera tan a menudo como antes,
25   invita a tus amigos a cenar a casa y cocínales tu plato favorito. Probablemente lo pasaréis igual de bien o mejor que si salierais a un restaurante y ahorraréis un buen pellizco.

- El secreto está en ver el vaso medio lleno y no medio vacío. Sin duda,
30   nuestro enfoque determina en gran parte nuestro estado de ánimo y nuestra capacidad de aguante. Ya sabes, como dice el dicho: "a mal tiempo buena cara".

¡Ánimo! Con determinación y un enfoque positivo, estos momentos difíciles serán más
35   fáciles de llevar. Recuerda que tras la tempestad siempre viene la calma y que de todas nuestras experiencias es posible sacar algo bueno.

Preguntas Texto 1: "Cómo mantener la calma en épocas de crisis"

Busque las palabras o expresiones del texto significan:

Ejemplo: del mismo modo: .....de la misma manera.....

1. Castigar / golpear   ....azota..........

2. Un conjunto / un grupo   ....serie..........

3. Con frecuencia   ....a menudo..........

4. Una importante suma de dinero ....pellizco..........

5. *Según el texto, el dinero...*

    A. No tiene importancia

    B. Hace nuestra vida fácil y agradable

    C. Determina nuestro estado de ánimo

    D. Es una parte importante de nuestras vidas

$\boxed{A}$

Complete el cuadro siguiente.

En la frase...	la(s) palabra(s)...	en el texto se refiere(n) a...
Ejemplo: ...disfrútalo al máximo... (línea 8)	"lo"	......lo que tienes......
6. ...no debemos idealizar <u>su</u> valor (línea 12)	"su"	....el dinero....
7. ...dedíca<u>le</u> aún más tiempo (línea 13)	"le"	....un hobby....
8. ...cocína<u>les</u> tu plato favorito (línea 20)	"les"	....tus amigos....

Indique las **cuatro** *frases que recogen ideas del texto escribiendo las letras correspondientes en las casillas de la derecha.* **CUIDADO:** Hay más frases de las necesarias. ***[4 puntos]***

A. *Refugiarse en los amigos es buena idea.*	A
B. Hacer ejercicio puede mejorar nuestro estado de ánimo.	F
C. La situación económica mundial nos está ayudando a calmarnos.	~~G~~
D. Es aconsejable enfrentarse a los problemas de una forma positiva.	D
E. Tratar de ser positivos tiene poco sentido en la situación actual.	H
F. El dinero no tiene importancia.	
G. Cualquier situación nos aportará algo positivo.	
H. La creatividad es una buena aliada.	
I. Los restaurantes han bajado sus precios debido a la crisis.	

Texto 2: Daniel

Daniel no sabía qué hacer. Llevaba **[-X-]** seis meses trabajando en aquel restaurante maloliente de comida basura y no podía soportarlo más. Sólo aceptó el empleo porque estaba convencido de que sería cuestión de una o dos semanas como máximo,

[-1-] el tiempo había pasado demasiado rápido y empezaba a sentir que tenía que hacer algo cuanto antes. ¿Cómo podía ser tan difícil encontrar un trabajo mínimamente interesante? Era inteligente, responsable, trabajador **[-2-]** con buena presencia. Se sentía impotente **[-3-]** escuchaba el habitual "deje su currículum, ya le llamaremos" y tenía ganas de gritar que no tenían que buscar más, que él era el candidato perfecto. En la librería, **[-4-]**, una señora bastante antipática le había dicho que era demasiado joven y más tarde, en la tienda de deportes, **[-5-]** habían dicho que buscaban a alguien más joven...

PreguntasTexto 2: Daniel

Basándose en el fragmento, indique en la casilla de la derecha la letra de la opción correcta para cada espacio numerado del texto.

Ejemplo: [-X-]

X. A. ya
    B. sólo
    C. en cambio
    D. incluso

> A

3. A. donde
    B. cada vez que
    C. sin embargo
    D. tal vez

> B

1. A. pero
    B. porque
    C. de
    D. a veces

> A

4. A. por supuesto
    B. casi
    C. por ejemplo
    D. según

> C

2. A. aunque
    B. pero
    C. también
    D. y

> D

5. A. lo
    B. se
    C. les
    D. le

> D

6. *Basándose en la información del texto, indique en las casillas de la derecha las frases que recojan ideas del texto.* **[2 puntos]**

A.	Daniel siempre supo que sería difícil encontrar trabajo.	
B.	Daniel se siente confuso.	☐
C.	Es demasiado mayor para trabajar en la librería.	☐
D.	Daniel es un chico agraciado.	

Basándose en el fragmento, complete las siguientes frases **con palabras tomadas del texto**.

Ejemplo: Daniel llevaba trabajando en el restaurante

....**seis meses**...

7. La razón por la que seguía trabajando allí era que

....

8. Lo que Daniel no podía entender era

....

9. Según la dependienta de la librería, Daniel

....

10. Daniel estaba harto de escuchar

....

*Basándose en el texto, indique qué **palabra** del texto es equivalente a:*

11. Algo que huele de forma desagradable.

....

12. Totalmente seguro

....

Texto 3: ¡Hola a todos!

Madrid, 12 de febrero de 2009

¡Hola a todos!

5   ¿Cómo estáis? Espero que todo vaya bien por ahí y que papá se haya recuperado ya de su
resfriado. ¿Y cómo están los cachorritos de Lulú? Muchas gracias por las fotos que me
enviasteis. Son preciosas. Me habría gustado estar ahí cuando nacieron los perritos, pero
ya sabéis que estoy en época de exámenes. ¡Qué pesadez!

En realidad todo va bastante bien, pero me muero por terminar y tener vacaciones. He hecho dos
10 de mis cinco exámenes y creo que me han salido bastante bien. Mañana tengo el tercero, el
de Biología. La asignatura me gusta bastante, pero la profesora es demasiado estricta y nos trata
como si fuéramos niños pequeños. ¡No la soporto!

Por cierto, casi me olvido de contaros que he empezado a jugar al tenis de nuevo. Mi rodilla está
15 mucho mejor y ya no me duele al correr. Mi amigo Tomás es miembro de un club muy pijo muy
cerca de aquí que tiene de todo (canchas de tenis y de squash, una piscina, una sauna y un
montón de cosas más) y me ha invitado a ir con él varias veces. Ya sé lo que estás pensando,
mamá, pero te equivocas: ¡no es mi novio! Sólo somos amigos.

20 Bueno, me temo que debería seguir estudiando para el examen de mañana aunque no tengo
ganas en absoluto... ¡Estoy deseando que llegue el día de mi graduación!

Besitos para todos ¡y deseadme suerte!

25 Clara

PD. Enviadme más fotos de los perritos. En cuanto recibí vuestra carta, las colgué en la pared de
mi dormitorio. Dadle un beso a la abuela y decidle que la echo de menos.

30

Preguntas Texto 3: ¡Hola a todos!

Busque equivalentes en el texto:

1. catarro ....

2. periodo ....

3. otra vez ....

4. no tener razón ....

*Conteste las preguntas siguientes, indicando con [✔] si son Verdaderas (V) o Falsas (F) en la casilla de la derecha y **escriba las palabras** que justifican su respuesta.*

V	F
✔	

Ejemplo: El padre de Clara ha estado enfermo recientemente.

Justificación: ....se haya recuperado ya.....................

V	F

5. Su profesora de Biología es irritante.

....

V	F

6. Clara no quiere terminar sus estudios.

....

V	F

7. Clara juega al tenis en un parque cercano a su casa con un amigo.

....

Complete el cuadro siguiente.

En la frase...	la(s) palabra(s)...	en el texto se refiere(n) a...
Ejemplo: ...*su resfriado* **(*línea 1*)**	**"su"**	.............papá..........
8. ... *mañana tengo el tercero (línea 8)*	"el tercero"	....
9. ... *que tiene de todo (línea 11)*	"que"	....
10. ... *decidle que la echo de menos (línea 18)*	"le"	....

Texto 4: Los jóvenes

Yo ya soy muy mayor. Recuerdo cuando era joven y los jóvenes teníamos que mostrar respeto hacia los mayores. Pero las cosas han cambiado mucho. Por ejemplo, cuando cojo el autobús, nadie me cede su asiento, así que tengo que ir de pie todo el trayecto. (**D. José**)

5 En mi opinión el principal problema que causan los jóvenes hoy en día es el ruido y la suciedad cuando organizan un botellón. Todos los fines de semana se reúnen más de cien chicos y chicas de entre trece y veinte años al lado de mi casa para beber y no me dejan dormir. Además, ponen la música muy alta hasta muy tarde y, a la mañana siguiente, todo está asqueroso y apesta. No hay derecho a que se comporten así. (**Ricardo**)

10

Yo lo que no soporto es que los chavales no quieran estudiar y falten a clase. No se dan cuenta de lo importante que es tener una educación para el futuro. Es preocupante que tantos chicos y chicas adolescentes prefieran perder el tiempo con sus colegas cuando se supone que deberían estar en clase. ¡Deberían tener más aspiraciones y usar mejor su tiempo! (**Alberto**)

15

Lo que más me molesta de mi hija es que no se da cuenta de lo difícil que es para su padre y para mí poder dormir cuando sale con sus amigos los fines de semana. ¡Es imposible pegar ojo! Nos preocupa muchísimo que le pueda pasar algo malo. (**Marta**)

20 Yo creo que debemos ser un poco más tolerantes con los jóvenes. Es injusto que los tratemos a todos como si fueran delincuentes. Además, la vida tampoco es fácil para ellos. Hoy en día es mucho más difícil encontrar trabajo al salir de la Universidad, por ejemplo. (**Mari Carmen**)

Mi mujer y yo somos bastante afortunados con nuestros hijos. En general nos llevamos bastante
25 bien, pero es cierto que a veces nos resulta bastante difícil hacerles entender que no tenemos dinero para todos sus caprichos. Tenemos muchísimos gastos y, por supuesto, un nuevo juego para la PlayStation no es una prioridad. (**Sergio**)

PreguntasTexto 4: Los jóvenes

*Indique la frase que mejor corresponde a cada persona. **CUIDADO:** Hay más frases de las necesarias.*

X. D. José   `A`

1. Ricardo   ☐

2. Alberto   ☐

3. Marta   ☐

4. Mari Carmen   ☐

5. Sergio   ☐

A. *En varias ocasiones he estado a punto de caerme, y caerse a mi edad puede traer complicaciones.*

B. Hay muchos peligros de los que los jóvenes no son conscientes y sus padres sí.

C. En esos casos, intentamos hacerles ver la situación y normalmente se muestran muy razonables.

D. Nunca ha habido un mejor momento para ser joven. Es más fácil que nunca.

E. ¿Piensan vivir de sus padres para siempre? ¿Cómo van a encontrar trabajo si no adquieren una formación ahora?

F. Deberían ser más considerados con las personas que tienen que madrugar y tirar la basura en las papeleras y contenedores.

G. Al fin y al cabo, todos hemos sido jóvenes.

*Conteste las siguientes preguntas **con palabras tomadas del texto.***

7. ¿Qué **expresión** utiliza **Marta** que significa "dormir"?

....

8. ¿Qué **expresión** utiliza **Ricardo** que significa "es injusto"?

....

9. A Alberto no le parece bien que los jóvenes pierdan el tiempo. ¿Con qué palabra expresa esta idea?

....

10. Según Mari Carmen, los jóvenes suelen ser comparados con...

....

11. *Basándose en lo que dice Sergio, complete el cuadro siguiente.*

En la frase...	la(s) palabra(s)...	se refiere(n) a...
Ejemplo: ...<u>nos</u> resulta bastante difícil	"nos"	....mi mujer y yo....
11. ... hacer<u>les</u> entender (línea 25)	"les"	
12. ... <u>sus</u> caprichos (línea 26)	"sus"	

Texto 5: Ana Mercedes Baeza Hidalgo- Un modelo para todos

Ana Mercedes Baeza Hidalgo nació en Copiapó de Chile el 14 de abril de 1954. Ana María, su madre, había empezado a servir en la casa de un terrateniente a los ocho años y su padre ni siquiera podía recordar cuándo comenzó a trabajar en las tierras del señorito. A menudo soñaban con mudarse a otro lugar donde pudieran ganarse la vida de una manera más digna, sin sentirse como esclavos.

Cuando Ana Mercedes contaba cinco años de edad, abandonaron el pueblo. Después de semanas de viaje, llegaron por fin a Antofagasta, donde José Antonio no tardó en encontrar trabajo en las minas de cobre de Chuquicamata. Ana María se ocupaba de la casa y cosía mientras Ana Mercedes estaba en la escuela. A los pocos años ya era considerada la mejor costurera de la región y tuvo que contratar a dos muchachas como ayudantes. Recibía encargos de las señoras importantes de La Serena, las cuales pagaban mejor que nadie. Ana Mercedes insistía en ayudar a su madre en el taller, pero ésta siempre se opuso. Le decía que debía estudiar si quería tener la posibilidad de elegir lo que quería hacer cuando fuera mayor.

Víctima de una afección respiratoria, su padre muere en 1972 cuando Ana Mercedes ya había iniciado los preparativos para mudarse a casa de unos familiares paternos en Santiago con el fin de comenzar allí sus estudios universitarios. A pesar de los deseos de Ana Mercedes de quedarse en Antofagasta para acompañar a su madre, ésta insistió en que debía seguir adelante con sus planes. Se graduó al cabo de tres años y enseguida encontró trabajo como profesora. Durante sus años de Universidad, participó en manifestaciones en contra de las condiciones laborales de los trabajadores de las minas y una vez graduada se alistó en uno de los principales sindicatos mineros del país.

En 1979 pasó a liderar el sindicato y un año más tarde ya estaba viajando por el país intentando hacer ver a los mineros que podían exigir mejores condiciones laborales. La reacción de éstos siempre era la misma: no veían por qué debían prestar atención a una mujer que probablemente no sabía de lo que hablaba. Entonces ella les hablaba de su padre y de cómo vivió explotado toda su vida y los mineros empezaban a sentirse identificados con su historia. Intentaba convencerles de que lo mejor que podían hacer por sus hijos y por las generaciones futuras de Chile era mandarlos a la escuela para que no tuvieran que vivir explotados al igual que sus padres.

Poco a poco, sus discursos fueron calando [- X -] la clase trabajadora. En 1985 publicó su [- 6 -] libro, titulado *El Sentir del Pueblo*. A éste le siguieron *Adelante, Chile* al año [- 7 -] y *De Copiapó a La Tierra del Fuego* tres años después.

Hoy, a sus 55 años, Ana Mercedes vive en Santiago [- 8 -] su marido, sus cuatro hijos y sus dos nietos, donde aún trabaja como profesora. Se siente honrada al ser reconocida por la calle y al recibir cartas de personas [- 9 -] le agradecen sus esfuerzos. [- 10 -], es aún una mujer humilde que no da su labor por acabada.

PreguntasTexto 5: Ana Mercedes Baeza Hidalgo- Un modelo para todos

Basándose en el texto, conteste las siguientes preguntas:

1. ¿Qué **frase** del primer párrafo indica que no querían quedarse en Copiapó toda la vida?

....

2. ¿Qué **comparación** expresa las condiciones laborales de los padres de Ana Mercedes en el primer párrafo?

....

3. ¿Qué **palabra** del texto significa *enfermedad*?

....

4. ¿Cómo hacía Ana Mercedes cambiar de opinión a los mineros?

....

5. ¿Qué expresión del texto transmite la idea de que Ana Mercedes aún puede lograr más cosas?

....

Basándose en los dos últimos párrafos del texto, relacione cada espacio numerado con una de las palabras de la siguiente lista. **CUIDADO:** *Hay más palabras de las necesarias.*

PARA	A PESAR DE	SIGUIENTE
SIN EMBARGO	QUE	PRIMER
CON	PRIMERO	CUALES

Ejemplo: [- X -] .... entre ....

6. ....

7. ....

8. ....

9. ....

10 ....

Texto 6: ¿Qué es lo que más le gusta de Londres?

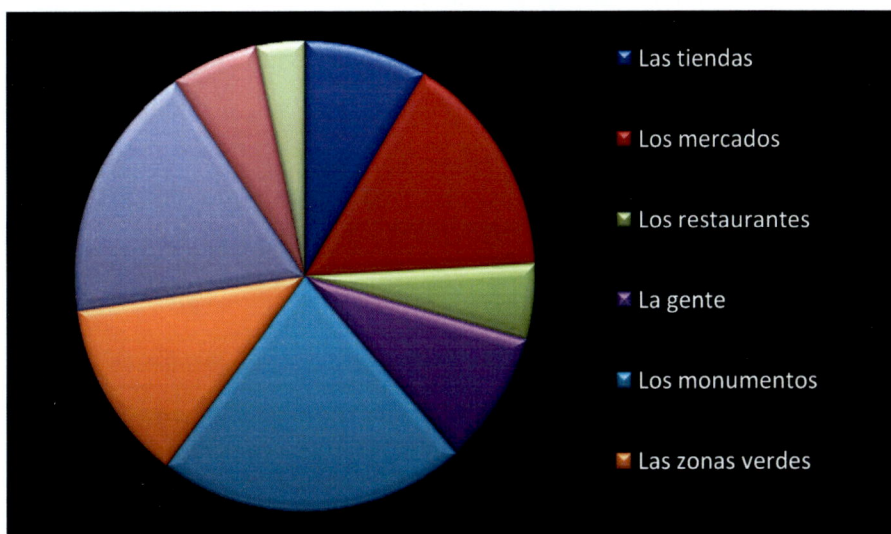

Por todos es sabido que Londres tiene un gran número de atractivos. Sin embargo, parece que los gustos de los turistas van cambiando. Al menos eso indica una encuesta realizada recientemente entre sus visitantes.

Mientras que hace unas décadas, más de la mitad de los turistas reconocía que lo que les atraía eran sus monumentos, ahora sólo un 22% viaja a la capital británica para admirar El Big Ben, La Abadía de Westminster o El Palacio de Buckingham.

La gran oferta cultural sigue siendo altamente valorada por los visitantes, pero la popularidad de los mercados está subiendo como la espuma. Mientras que un 18% prefiere disfrutar de los espectáculos del West End, un 16% opta por callejear en Camden, Portobello o Spitalfields.

El buen tratamiento que reciben por parte de los londinenses y la posibilidad de conocer personas de todo el mundo hacen que un 9% afirme que lo mejor de Londres es la gente. Asimismo, otro 9% asegura que las tiendas aquí no tienen igual.

También son muchos los que disfrutan relajándose en los enormes parques del centro. Sea cual sea la época del año, es fácil encontrar a más de un extranjero, disfrutando de un picnic sobre el césped, ofreciendo frutos secos a las juguetonas ardillas o trozos de pan a los cisnes y a los patos.

A pesar de que la amplia oferta de restaurantes de todo tipo es, sin duda, un punto a su favor, Londres no es precisamente famosa por su comida. Al menos ésa es la conclusión que se extrae de las respuestas de los encuestados, quienes aseguran sentirse más atraídos por la comida japonesa, india, tailandesa o neocelandesa que por un plato de pescado con patatas fritas y guisantes.

Por último, aunque no hay turista que se resista a sacarse la foto de rigor en una cabina telefónica, la experiencia de viajar en un autobús de dos pisos sigue cautivando a un mayor número de visitantes, especialmente a los más pequeños.

PreguntasTexto 6: ¿Qué es lo que más le gusta de Londres?

Conteste las siguientes preguntas:

1. ¿Qué indica la encuesta con respecto al pasado?

....

2. ¿Qué **imagen** utiliza el autor del texto para indicar que el número de turistas ha aumentado considerablemente en los mercados?

....

3. ¿Qué **palabra** del texto expresa la idea de pasear tranquilamente?

....

4. ¿Qué tiene de especial ir de compras en Londres según los turistas?

....

5. ¿Qué **frase** hace referencia a los niños?

....

Conteste las preguntas siguientes, indicando con [✔] si son Verdaderas (V) o Falsas (F) en la casilla de la derecha y escriba las palabras que justifican su respuesta.

	V	F
Ejemplo: Los turistas valoran los monumentos menos que en el pasado.	✔	

Justificación: ......ahora sólo un 22% viaja a la capital británica para admirar El Big Ben, La Abadía de Westminster o El Palacio de Buckingham......

	V	F
6. Un número elevado de londinenses ha participado en la encuesta.		

....

	V	F
7. A los turistas aún les encanta sacarse una foto en una cabina telefónica.		

....

	V	F
8. A los turistas les gustan más los autobuses rojos que las cabinas.		

....

Conteste las preguntas siguientes.

9. En los parques hay turistas

[ ]

    A. cuando hace buen tiempo.

    B. cuando están relajados.

    C. siempre.

10. Durante su estancia en Londres, los turistas

[ ]

    A. intentan explorar la gastronomía típica.

    B. aprovechan para probar comida de lugares exóticos.

    C. prefieren hacer un picnic al aire libre.

Texto 7: La otra cara de la inmigración

No sabemos su nombre real por razones obvias. Tiene miedo a ser detenida y expulsada de España. Sin embargo, ha accedido a concedernos una entrevista.

[- X -]

Soy boliviana.

[- 1 -]

Un poco más de dos años. Espere, exactamente dos años y cuatro meses.

[- 2 -]

En Bolivia la vida es bastante difícil. Era muy frustrante para mí saber que por mucho que me esforzara en encontrar un trabajo y por más que demostrara que era una persona honrada, responsable y trabajadora, no había muchas esperanzas para mí. Sentí que debía arriesgarme y decidí venir a España pensando que encontraría un empleo más fácilmente y que podría enviar dinero a mi madre y mis hermanos pequeños.

[- 3 -]

No, en absoluto. El problema aquí es que necesitas tener papeles para conseguir un buen trabajo porque nadie se quiere arriesgar a contratar a un inmigrante ilegal. He tenido muchos empleos temporales desde que llegué. He trabajado en tiendas pequeñas, cuidando niños, limpiando oficinas por las noches y repartiendo periódicos en las calles. Los sueldos son bajos y no puedes quejarte por nada, porque sabes que no tienes derechos.

[- 4 -]

Hace tres meses conocí a una señora que estaba buscando a una persona que pudiera encargarse de cuidar a su madre y yo me ofrecí a hacerlo. Aunque aquí no pueda trabajar como tal, soy enfermera, así que estoy acostumbrada a este tipo de trabajo. La señora a la que cuido, Doña Luisa, es adorable. Tiene ochenta y tres años y necesita ayuda para hacer la compra, bañarse, hacer la comida y ese tipo de cosas. Vivo con ella, y le hago compañía. Me gusta porque siento que estoy ayudando a alguien, y además, tengo un sitio donde vivir y un sueldo, que, aunque no es muy alto, me permite enviar una suma regular a mi familia a fin de mes.

Como otros muchos inmigrantes, no sabe qué le depara el futuro. Es consciente de que cualquier día puede ser denunciada a la policía y repatriada. Pero intenta ser optimista y demostrar día a día que no hay razón para que les veamos como un problema social.

Preguntas Texto 7: La otra cara de la inmigración

*En el texto faltan las preguntas del entrevistador. Relacione cada espacio numerado con las siguientes preguntas. Escriba la letra correspondiente en la casilla de la izquierda. **CUIDADO**: hay más preguntas de las necesarias.*

Ejemplo: [-X-]   [A]

1. ☐

2. ☐

3. ☐

4. ☐

A. ¿De dónde es?

B. ¿Actualmente tiene trabajo?

C. ¿Qué piensan los españoles de los inmigrantes?

D. ¿Cuánto tiempo hace que llegó a España?

E. ¿Qué la llevó a abandonar su país?

F. ¿Ha tenido problemas con la policía alguna vez?

G. ¿Y fue así?

Conteste las siguientes preguntas basándose en el texto.

5. Indique la razón por la que, según la entrevistada, no tiene sentido manifestar su disconformidad con el sistema.

....

6. ¿Qué **palabra** del texto expresa lo que siente la protagonista por la señora a la que cuida?

....

7. ¿Qué parte del texto refleja que la entrevistada no se encuentra segura en España?

....

8. Basándose en la información del texto, indique en las casillas de la derecha las frases que recojan ideas del texto.   *[3 puntos]*

A.   Los empresarios no se atreven a dar trabajo a inmigrantes sin papeles.   ☐

B.   La entrevistada se ha sentido acosada por la policía.   ☐

C.   La entrevistada ha tenido numerosos empleos desde que llegó a España.   ☐

D.   La falta de documentación dificulta el acceso al mercado laboral.

E.   La entrevistada es consciente de que su situación es complicada por no tener titulación académica.

Higher Level Text C: Literary texts

At HL, exposure to literature should form an integral part of your course in order to develop your ability to **understand and use vivid and imaginative language**. Reading literary texts enables you to develop your range of vocabulary and idioms, your understanding of style and rhetorical devices, your ability to be creative with the language yourself, and your cultural appreciation of Spanish speaking countries. In Paper 1, Text C is usually, but not exclusively, "literary", meaning that the vocabulary, style and use of idiomatic language is considerably more complex than the other texts and is naturally the text most students find the hardest. Rest assured that you will not be expected in any of the exams to critically analyse literary texts using academic terminology or be assessed on your knowledge of any particular text or author. The questions will not be interpretative, but will continue to assess your linguistic comprehension (true/false + justification, fill in gaps, pronouns, conjunctions, etc.).

In this chapter we have provided you with 2 examples of literary texts with practice questions. We also recommend that you do as many past papers as possible in order to refine your timing as you should aim to spend about 20 minutes on Text C. In addition, we have provided you with an essential **glossary of literary vocabulary** in Chapter 4.

A note about irony: often the reason students get stuck on Text C is because they can't quite believe that what they are reading is serious. Be willing to let go of rational thought as there may be some fanciful notions or humour intended in the literary texts. Juan José Arreola is a good example of an author whose texts convey irony, as is our Practice Text C (1).

We think that the best way to prepare for Text C is to read short stories and extracts by a **wide variety of authors**, rather than ploughing through whole novels. To give you an idea of possible authors to go for, our Literary Map identifies **authors that have been used in previous IB Spanish B HL exams**. Note how many are Latin American! (For more ideas, see our list of recommended reading at the end of the guide).

España
Julio Llamazares
Luisa Castro
Bernardo Atxaga

México
Ángeles Mastretta
Octavio Paz
Juan José Arreola

Nicaragua
Giaconda Belli

Panamá
Rubén Blades (poesía)

Colombia
Gabriel García Márquez
Plinio Apuleyo Mendoza

Perú
Mario Vargas Llosa

Uruguay
Mario Benedetti

Chile
Pablo Neruda
Roberto Bolaño

Practice Text C (1)

El viaje por el canal favorecía la marcha, y Orgaz se mantuvo en ella cuanto pudo. Pero el viento arreciaba; y el Paraná, que entre Candelaria y Posadas se ensancha como un mar, se encrespaba en grandes olas locas. Orgaz se había sentado sobre los libros para salvarlos del agua que rompía contra la lata e inundaba la canoa. No pudo, sin embargo,
5 sostenerse más, y a trueque de llegar tarde a Posadas, enfiló hacia la costa. Y si la canoa cargada de agua y cogida de costado por las olas no se hundió en el trayecto, se debe a que a veces pasan estas inexplicables cosas.

La lluvia proseguía cerradísma. Los dos hombres salieron de la canoa chorreando
10 agua y como enflaquecidos, y al trepar la barranca vieron una lívida sombra a corta distancia. El ceño de Orgaz se distendió, y con el corazón puesto en sus libros que salvaba así milagrosamente corrió a guarecerse allá.

Se hallaba en un viejo galpón de secar ladrillos. Orgaz se sentó en una piedra entre la ceniza, mientras a la entrada misma, en cuclillas y con la cara entre las manos, el indio
15 de la canoa esperaba tranquilo el final de la lluvia que tronaba sobre el techo.

Orgaz miraba también afuera. ¡Qué interminable día! Tenía la sensación de que hacía un mes que había salido de San Ignacio. El Yabebirí creciendo. . . la mandioca asada. . . la noche que pasó solo escribiendo. . . el cuadrilátero blanco durante doce horas. . .

Lejos, lejano le parecía todo eso. Estaba empapado y le dolía atrozmente la cintura;
20 pero esto no era nada en comparación del sueño. ¡Si pudiera dormir, dormir un instante siquiera! Ni aun esto, aunque hubiera podido hacerlo, porque la ceniza saltaba de piques. Orgaz volcó el agua de las botas y se calzó de nuevo, yendo a observar el tiempo.

25 Bruscamente la lluvia había cesado. El crepúsculo calmo se ahogaba de humedad, y Orgaz no podía engañarse ante aquella efímera tregua que al avanzar la noche se resolvería en nuevo diluvio. Decidió aprovecharla, y emprendió la marcha a pie.

En seis o siete kilómetros calculaba la distancia a Posadas. En tiempo normal, aquello hubiera sido un juego; pero en la arcilla empapada las botas de un hombre
30 exhausto resbalan sin avanzar. Aquellos siete kilómetros los cumplió Orgaz caminando por las tinieblas más densas, con el resplandor de los focos eléctricos de Posadas en la distancia.

Sufrimiento, tormento de falta de sueño, y cansancio extremo y demás, sobrábanle a Orgaz. Pero lo que lo dominaba era el contento de sí mismo. Cerníase por encima de
35 todo la satisfacción de haberse rehabilitado, –así fuera ante un inspector de justicia. Orgaz no había nacido para ser funcionario público, ni lo era casi; según hemos visto. Pero sentía en el corazón el dulce calor que conforta a un hombre cuando ha trabajado duramente por cumplir un simple deber y prosiguió avanzando cuadra tras cuadra, hasta ver la luz de los arcos, pero ya no reflejada en el cielo, sino entre los mismos carbones,
40 que lo enceguecían.

* * *

El reloj del hotel daba diez campanadas cuando el Inspector de Justicia, que cerraba su valija, vio entrar a un hombre, embarrado hasta la cabeza, y con las señales más
45 acabadas de caer, si dejaba de adherirse al marco de la puerta.

Durante un rato el inspector quedó mudo mirando al individuo. Pero cuando éste logró avanzar y puso los libros sobre la mesa, reconoció entonces a Orgaz, aunque sin explicarse poco ni mucho su presencia en tal estado y a tal hora.

–¿Y esto? –preguntó indicando los libros.
50 –Como usted me los pidió–dijo Orgaz–. Están en forma.

El inspector miró a Orgaz, consideró un momento su aspecto, y recordando entonces el incidente en la oficina de aquél, se echó a reír muy cordialmente, mientras le palmeaba el hombro:

–¡Pero si yo le dije que me los trajera por decirle algo! ¡Había sido zonzo, amigo!
55 ¡Para qué se tomó todo ese trabajo!

*   *   *Un mediodía de fuego estábamos con Orgaz sobre el techo de su casa; y mientras aquél introducía entre las tablillas de incienso pesados rollos de arpillera y bleck, me contó esta historia.

60 No hizo comentario alguno al concluirla. Con los nuevos años transcurridos desde entonces, yo ignoro qué había en aquel momento en las páginas de su Registro Civil, y en su lata de galletitas. Pero en pos de la satisfacción ofrecida aquella noche a Orgaz, no hubiera yo querido por nada ser el inspector de esos libros.

65

Extract from **El Techo,** Horacio Quiroga (*Uruguay*)
from *Spanish Stories: Cuentos Españoles (A Dual-Language Book)*,
edited by Angel Flores (1987, Dover Publications, Inc., New York)
Extract re-printed with kind permission from the publishers

Preguntas Practice Text C (1)

Conteste las siguientes preguntas (párrafo 1).

1. ¿Qué **expresión** del texto se refiere a la extensión de esa parte del río?

....

2. ¿Qué **expresión** del texto usa el narrador para describir el estado de las aguas del río?

....

3. ¿Qué cosa inexplicable ocurrió durante el trayecto?

....

Complete el cuadro siguiente.

En la frase...	la(s) palabra(s)...	en el texto se refiere(n) a...
Ejemplo: ...decidió aprovechar<u>la</u> ... (línea 24)	"la"	......la tregua......
4. ...que <u>lo</u> enceguían (línea 35)	"lo"	....
5. ... Pero cuando <u>éste</u> logró avanzar (línea 39)	"éste"	....
6. ... yo le dije que me <u>los</u> trajera... (línea 47)	"los"	....

Conteste a las preguntas siguientes, indicando con un [✔] si son Verdaderas o falsas en la casilla de la derecha y escriba las palabras que justifican su respuesta (líneas 4 a 16...)

	V	F
Ejemplo: Era imposible mantener la canoa seca.	✔	

Justificación: ....del agua que rompía contra la lata e inundaba la canoa................

	V	F
7. La lluvia caía silenciosamente.		

....

	V	F
8. El trayecto resultó algo más corto de lo que esperaban.		

....

....

Basándose en el texto, conteste las siguientes preguntas o indique la opción correcta.

9. ¿Qué **palabra** indica que pronto empezaría a llover de nuevo?

....

10. ¿Qué grupo de palabras hace referencia a las dificultades de hacer el camino a pie?

....

11. ¿Cuál era el estado de ánimo del protagonista al llegar a Posadas?

A. Se encontraba absolutamente desanimado.
B. No quería que su aventura terminara.
C. Quería despertar de aquella pesadilla.
D. Se sentía orgulloso de sí mismo.

Practice Text C (2)

Recuerdo muy bien la primera vez que le vi. Estaba sentado en medio del patio, el torso desnudo y las palmas apoyadas en el suelo y reía silenciosamente. Al principio, creí que bostezaba o sufría un tic o del mal de San Vito pero, al llevarme la mano a la frente y remusgar la vista, descubrí que tenía los ojos cerrados y reía con embeleso. Era un muchacho robusto, con cara de
5   morsa, de piel curtida y lora y pelo rizado y negro. Sus compañeros le espiaban, arrimados a la sombra del colgadizo y uno con la morra afeitada le interpeló desde la herrería. La metralleta al hombro, me acerqué a ver. Aquella risa callada, parecía una invención de los sentidos. Los de la guardia vigilaban la entrada del patio, apoyados en sus mosquetones; otro centinela guardaba la puerta. El cielo era azul, sin nubes. La solina batía sin piedad a aquella hora y caminé rasando la
10 fresca del muro. El suelo pandeaba a causa del calor y, por entre sus grietas, asomaban diminutas cabezas de lagartija.

El muchacho se había sentado encima de un hormiguero: las hormigas le subían por el pecho; las costillas, los brazos, la espalda; algunas se aventuraban entre las vedejas del pelo, paseaban por su cara, se metían en sus orejas. Su cuerpo bullía de puntos negros y permanecía silencioso,
15 con los párpados bajos. En la atmósfera pesada y quieta, la cabeza del muchacho se agitaba y vibraba, como un fenómeno de espejismo. Sus labios dibujaban una risa ciega: grandes, carnosos, se entreabrían para emitir una especie de gemido que parecía venirle de muy dentro, como el ronroneo satisfecho de un gato.

Sin que me diera cuenta, sus compañeros se habían aproximado y miraban también. Eran
20 nueve o diez, vestidos con monos sucios y andrajosos, los pies calzados con alpargatas miserables. Algunos llevaban el pelo cortado al rape y guiñaban los ojos, defendiéndose del reverbero del sol.

–Tú, mira, si son hormigas.

–L'hacen cosquiyas.

25 –Tá en el hormiguero. . .

Hablaban con grandes aspavientos y sonreían, acechando mi reacción. Al fin, en vista de que yo no decía nada, uno que sólo tenía una oreja se sentó al lado del muchacho, desabrochó el mono y expuso su torso esquelético al sol. Las hormigas comenzaban a subirle por las manos y tuvo un retozo de risa. Su compañero abrió los ojos entonces y nuestras miradas se cruzaron.

30 –Mi sargento...

–Sí –dije.

–A ver si nos consigue una pelota. Estamos aburríos.

No le contesté. Uno con acento aragonés exclamó: "Cuidado, que viene el teniente," y aprovechó el movimiento alarmado del de la oreja para guindarle el sitio. Yo les había vuelto la
35 espalda y, poco a poco, los demás se sentaron en torno al hormiguero.

Era la primera guardia que me tiraba (me había incorporado a la unidad un día antes) y la idea de que iba a permanecer allí seis meses me desmoralizó. Durante media hora, erré por el patio, sin rumbo fijo. Sabía que los presos me espiaban y me sentía incómodo. Huyendo de ellos me fui a dar una vuelta por la plaza de armas. Continuamente me cruzaba con los reclutas. "Es el
40 nuevo," oí decir a uno. El cielo estaba liso como una lámina de papel y el sol parecía incendiarlo todo.

Luego el cabo batió las palmas y los centinelas se desplegaron, con sus bayonetas. Los presos se levantaron a regañadientes: las hormigas les rebullían por el cuerpo y se las sacudían a manotadas. Pegado a la sombra de la herrería, me enjugué el sudor con el pañuelo. Tenía sed
45 y decidí beber una cerveza en el Hogar.

Extract from **La Guardia**, Juan Goytisolo (*España*)
from *Spanish Stories: Cuentos Espanoles (A Dual-Language Book)*,
edited by Angel Flores (1987, Dover Publications, Inc., New York)
Extract re-printed with kind permission from the publishers

Preguntas Practice Text C (2)

Conteste las siguientes preguntas (párrafo 1).

1. ¿Con qué **grupo de palabras** expresa el narrador que el muchacho no llevaba camisa?

....

2. ¿Con qué **grupo de palabras** expresa el narrador la extraña manera de reírse del muchacho?

....

3. ¿Qué **expresión** utiliza el narrador para describir la crueldad del sol?

....

4. ¿Qué **palabra** del mismo párrafo significa *de tamaño minúsculo*?

....

5. ¿A qué puntos se refiere el narrador en la línea catorce?

....

Busque en el texto, entre las líneas 12 y 22, la palabra o palabras que significan:

Ejemplo: ascender .... **subir / subían** ....

6. los ojos cerrados ....

7. acercarse ....

8. observar cautelosamente ....

Basándose en los dos últimos párrafos del texto, indique la opción correcta (A, B, C o D) en las casillas de la derecha.

9. El narrador se encontraba en ese lugar

      A. Desde que era niño.

      B. Desde el día anterior.

      C. Varios días.

      D. Seis meses.

10. El narrador no se sentía cómodo porque

       A. Se sentía observado constantemente.

       B. El calor era insoportable.

       C. No conocía a los presos.

       D. Los presos le regañaban.

11. Los presos

       A. Tenían ganas de abandonar el patio.

       B. Intentaban deshacerse de las hormigas.

       C. Sentían el deseo de tomar una cerveza.

       D. Se cobijaban a la sombra.

Text D: Written Response

This section will be worth 10 or 20 marks depending on whether you do Standard or Higher Level. For Message marks, the examiners will focus on how many of the key details you are able to identify in the source text and include in your writing. You will also get marks for Cultural Interaction (type of text, format and register). Whether you do Standard or Higher Level, your language errors will not be penalised as long as the meaning is clear.

In order to make your text more convincing, you can add other details. However, we suggest you only do this if you are sure you are not going to run out of time. **It is always wiser to make sure you've included the key information first!**

It is suggested that you use a minimum of 100 words, but you will see that it is actually very difficult to mention all the key points in such a small number of words. Between 150 and 200 words might be more realistic. However, you cannot afford to ramble at all in this task, therefore, planning is very important.

We suggest you bring a highlighter into the exam to help you select your points clearly. **It is essential that you read the task very carefully before you start highlighting**, as they will want you to focus only on some of the information. **There will be a number of distractors** which will initially look important to you but will not actually be relevant to the task that you are asked to do.

Algunas posibilidades...

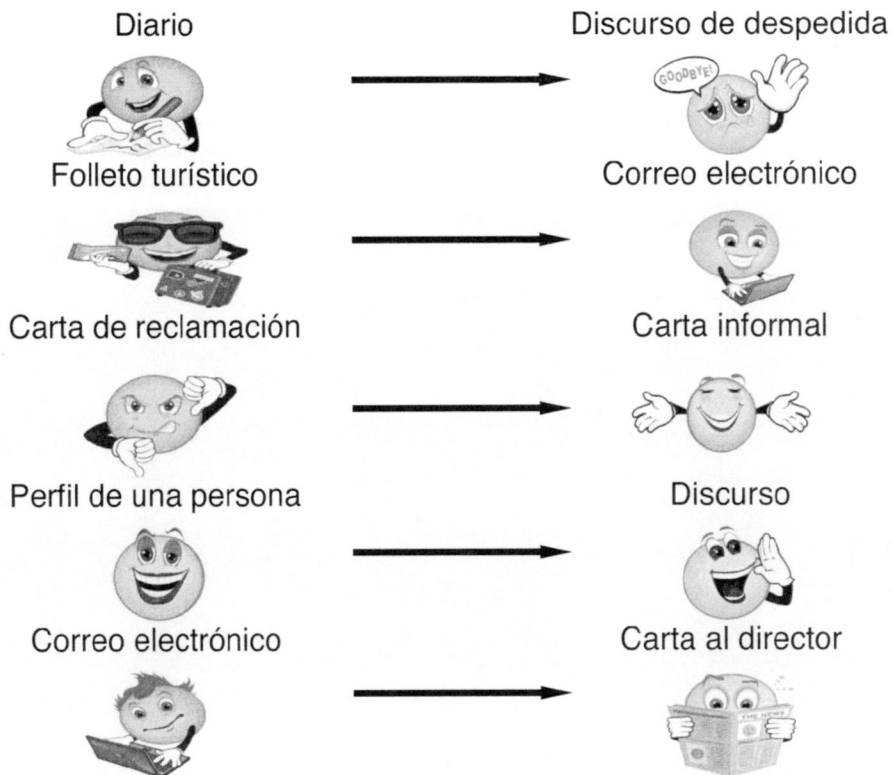

Diario   Discurso de despedida

Folleto turístico   Correo electrónico

Carta de reclamación   Carta informal

Perfil de una persona   Discurso

Correo electrónico   Carta al director

Practice Written Response SL

Dr. Perro, Dr. Delfín…

Más de cincuenta años después de que un psiquiatra norteamericano introdujera la terapia animal en su consulta, el número de personas que desean probar este método alternativo no deja de aumentar.

El perro: el mejor amigo del hombre tímido

Son extremadamente fieles, se adiestran muy fácilmente, tienen buen carácter y vocación de ayuda al ser humano y, sobre todo, son muy cariñosos. Gracias a su gran versatilidad, se utilizan con éxito para tratar casi todo tipo de patologías, tanto físicas como mentales. Numerosos pacientes con algún tipo de discapacidad intelectual, enfermedades mentales y tendencia a la inhibición social aprenden, gracias a estos perros, a ser más pacientes, a integrarse mejor en la sociedad y a tener más confianza en sí mismos.

La equinoterapia

A aquellos pacientes que hayan sufrido un accidente grave que haya limitado su movilidad o que sufran enfermedades tales como esclerosis múltiple, se les recomienda montar a caballo. Al trotar, realizamos un sinfín de movimientos diferentes que estimulan músculos que de otra manera podrían atrofiarse definitivamente.

Gatos que relajan

Está comprobado: acariciar a estos felinos reduce nuestra tensión arterial, hace que respiremos más despacio y que nuestro corazón lata más lentamente. Además, su ronroneo fomenta las emociones positivas. Por este motivo, los gatos están especialmente indicados para personas que se sienten solas o que padecen problemas de tipo nervioso.

Delfines para los tímidos y los nerviosos

Por todos es sabido que los delfines poseen una inteligencia excepcional. Aunque son incontables los estudios que se han llevado a cabo con estos cetáceos, su cerebro sigue aún intrigando a todo aquél que intenta entenderlo. Según los últimos resultados, las ondas que emiten como sonidos pueden ayudar a ciertos pacientes a relajarse.

Peces, conejos y demás familia

Parece que las peceras ya no son sólo objetos decorativos. Se ha demostrado que pasar tiempo mirando a los peces elimina la ansiedad e incluso puede aliviar el dolor. Pero, ¿cómo es eso posible? Según los expertos, al conseguir que nuestra mente se calme, generamos más endorfinas, un analgésico natural. Por otro lado, conejos, gallinas y, en general, todos los animales de granja, son perfectos para aumentar la seguridad de las personas tímidas, retraídas e introvertidas, que necesitan desesperadamente aumentar la confianza en sí mismos.

Basado en un texto original de la revista Mía, número 1197, agosto de 2009

Tarea Respuesta Escrita Nivel Medio: Dr. Perro, Dr. Delfín...

*Realice la siguiente tarea basándose **sólo** en la información del texto. Escriba 100 palabras **como mínimo**. No se limite a copiar grandes fragmentos del texto.*

Usted es un psiquiatra que desea abrir un centro en el que se realice terapias con animales y para ello necesita el apoyo del gobierno. Escriba una carta al Ministerio de Sanidad en la que explique cuáles son los beneficios que podría aportar un centro de esas características a personas que sufren de estrés o de timidez extrema con el fin de obtener las subvenciones necesarias.

....

....

....

....

....

....

....

....

....

....

....

....

....

....

....

....

....

....

....

Practice Written Response HL

Los jóvenes 'okupan' el Senado

Según las estadísticas, no hay nada que preocupe más a los ciudadanos y los mandatarios que la crisis económica. Y, como consecuencia, otros problemas de vital importancia, como el cambio climático, han pasado a ocupar un puesto secundario en nuestra mente. Sin embargo, en diciembre los gobiernos tendrán que volver a pensar en verde en la Cumbre Internacional de Copenhague sobre el cambio climático.

No obstante, cincuenta estudiantes españoles de Secundaria no han querido esperar y, siguiendo la iniciativa de Intermón Oxfam 'Conectando mundos', acudieron la semana pasada al Senado para hacer propuestas contra esta lacra que poco a poco desgasta nuestro planeta.

Allí leyeron un manifiesto en el que llevaban trabajando más de tres meses. Durante ese tiempo debatieron con otros 16.000 estudiantes de 17 países y por fin tuvieron la oportunidad de exponerlo ante la cámara.

Según una representante de Intermón Oxfam, la propuesta, que este año cumple su sexta edición, intenta concienciar a los jóvenes de que cualquier cosa que hagamos en cualquier rincón del planeta puede tener consecuencias en otros lugares.

Entre otras cosas, los jóvenes presentes en la Cámara denunciaron el predominio de los intereses económicos frente a los ambientales, las relaciones desiguales e injustas entre el Norte y el Sur, la insuficiencia de los sistemas públicos de transporte y la ausencia de políticas de cooperación internacional para luchar contra la pobreza.

Según los estudiantes, son los jóvenes quienes tienen que abrir los ojos a los mayores. Se consideran los encargados de enseñarles por qué es necesario reciclar y cómo hacerlo. Y no sólo a los mayores, sino también a los pequeños que mañana serán el presente. La conclusión unánime es que su generación es la última que puede evitar el cambio climático. Las próximas tendrán que sufrir sus consecuencias.

Basado en el artículo *Los Jovenes 'okupan' el Senado* de Aula el Mundo 04/06/2009
http://aula.elmundo.es/NOTICIA.CFM?IDTIPOPORTADA=1&GENERAL=1&IDCOMUNIDAD=&ID
PORTADA=208&IDNOTICIA=9611

Tarea Respuesta Escrita Nivel Superior: Los jóvenes 'okupan' el Senado

*Realice la siguiente tarea basándose **sólo** en la información del texto. Escriba 100 palabras **como mínimo**. No se limite a copiar grandes fragmentos del texto.*

Usted es uno de los jóvenes que acudieron al Senado. Escriba el texto del discurso que leyó en el Senado con las propuestas realizadas.

....

....

....

....

....

....

....

....

....

....

....

....

....

....

....

....

....

....

....

....

....

....

....

General comments about Paper 1 – What you've achieved so far & tips

✓ You have tackled a significant amount of types of texts (an article, a short story, an informal letter, an opinion poll, a biography, a survey, an interview and a leaflet)

✓ You have been revising / learning vocabulary related to numerous topic areas: *the credit crunch, unemployment, domestic/ family life, young people, tourism, immigration, indigenous cultures, work and trade unions*

✓ You have been exposed to different registers and layouts

✓ You have had a go (or more than one, actually) at the different types of exercises you might come across in Paper 1

A few useful tips before moving on...

Section A: Texts and Questions

- Remember you are supposed to lift words or phrases in order to answer the question in Paper 1. No need to waste time using your words!

- Most questions will be in order of appearance. So if you manage to find the answers for questions 1 and 3, you can be pretty sure that the answer for question 2 is somewhere in between!

- Feel free to underline/ highlight whatever you think is relevant in the text booklet. You will need to hand it in together with your answers booklet, but it will not have an impact on your mark and it might help you focus.

Section B: Written Response

- Read the Written Response task very carefully before you approach the last text so that have a clear idea about what it is that you need to focus on. Remember that there are always bits of information that are used as "distractors" which you are supposed to ignore completely.

- You need to use a minimum of 100 words in you written response. However, if you are to get all details in convincingly, 200 might be more realistic.

- Do not lose sight of your watch and, if running out of time, write your answer in bullet points, you will still get some credit for it!

- Leave at least 5 minutes to check and double check your answers.

Chapter 2   Paper 2 (or Written Production)

This chapter aims to give you everything you need to do well in Paper 2. Firstly, we have included explanations of useful terminology and elements that the examiners are looking out for, advice on register, and a summary of rubrics. Then, we have included a model example of each type of text that could come up in the exam with criteria specific guidance on what makes it a good answer. All the example texts are based on original assignments done by our students, which means that they are the genuine ideas of HL and SL students of Spanish and are *not* meant to be of native standard (although we have corrected the mistakes). We believe that full written answers give you the clearest idea of what you should be aiming for in terms of structure, style and length.

The exam

The writing paper is **1h30.** If you are studying **Higher Level**, you will have a choice of **6 questions** and have to write *at least* **400 words**. If you are studying **Standard Level**, you will have a choice of **4 questions** and have to write *at least* **250 words***. Paper 2 is marked out of 30 points: 10 marks for **Language**, 10 for **Cultural Interaction** and 10 for **Content**. It is really important that you are familiar with the assessment criteria (you can get a copy from your teacher or IB Coordinator). As well as helping you get an idea of your current performance, it will also help you get the most from this guide as much of the guidance is directly related to the values of the criteria.

A note about the **word count: even if your language is very good, if you don't write at least 250/400 words, your language mark will be limited to <u>4 out of 10</u>, which will definitely affect the final grade, so make sure you write enough!*

The terminology

The IB Spanish course is all about communicating in real situations for real purposes. To be effective, your written texts will achieve their **communicative purposes** if they respect conventions of **format** and style, in addition to making it clear who the **author** is, while adopting an appropriate **register** according to who the intended **reader** or **audience** is. Try to remember these 4 crucial aspects visually:

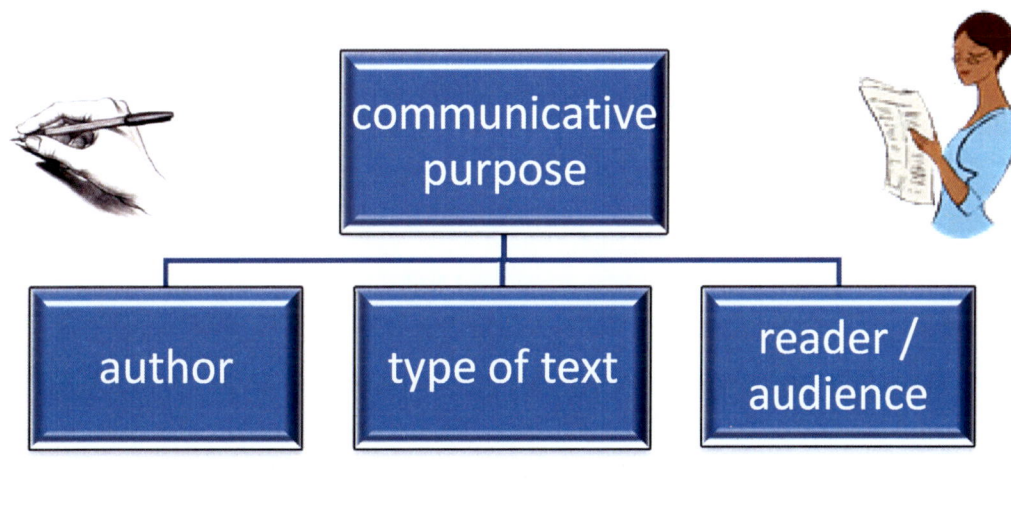

Type of text refers to whether it is an *article*, an *essay*, a *diary entry*, etc. Basically, you need to have a good idea about what different types of text look like: the format and layout of the text on the page *(eg: Whether it should have a title, subtitles, spacing, paragraphs, headings, information boxes, opening and closing formulae for letters, dates, punctuation, pictures, etc.).* The IB examiners expect to see some attention paid to correct formats, within the constraint of using lined exam paper.

The importance of making clear the **author** and the **reader** is because, in real life, most things we write are not just for the eyes of our teachers, and so the traditional *redacción* or *ensayo* is just one of many possible types of texts that could come up. The tasks will encourage you to have a real audience in mind *(eg: friends, a company, the editor of a newspaper)* and to remember what the point is of putting pen to paper *(eg: what you are hoping to achieve, usually expressed as a verb in the question: recomendar, describir, narrar, persuadir, analizar).*

For Paper 2 texts to score highly, you also need to demonstrate a wide range of **vocabulary** and so you need to choose your question carefully to ensure that you know enough about the topic. Variety of **grammatical structures** is also important, but remember, you get more points for *attempting* complex grammatical structures even if you don't quite get them right, than for not attempting them at all, so it pays to be ambitious! For each example text in this chapter we have included some vocabulary and grammar exercises to help to improve your linguistic range.

It is quite daunting to be expected to know which **rhetorical devices** should be used in each type of text (or even what they are!) as they depend on the type and complexity of the text. They could be rhetorical questions in an editorial, or exaggeration in a speech, or expressing the same idea in three consecutive yet different ways in an essay. Rhetorical devices are varied and take time and experience to grasp – it helps to read widely to get a feel for them. But by the end of this chapter, this aspect should be a lot clearer and you should feel much more confident about your ability to use them.

Idiomatic expressions are another headache for students. It's very hard to acquire these unless you have spent time in a Spanish speaking country or living with native speakers. Idiomatic expressions are not the same as sayings or proverbs, but you can still learn a few useful ones.

Chapter 4 on **Vocabulary** is full of advice and helpful tips for improving your linguistic range. However, it is really important to reassure you that the examiners are *not* looking for perfect, native Spanish. You can still get full marks for language even if you don't always get your verb conjugations right! The Spanish examiners try to mark positively, so the important thing is to try to include as much variety as you can.

Register - This refers to the formality of language selected:

informal	formal	neutral
•colloquial, friendly, jokey •aimed at young people or family •showing awareness of spoken traits of language •usually subjective •Examples include: email to a friend, diary entry, interview with a student	•higher register, denoting a certain level of education •more sophisticated choice of words •can be objective or subjective depending on the purpose of writing •Examples include: essay, letter to the editor, formal letter, interview with an author	•for the general public •objective •no personal opinion •no need for fancy descriptions •not emotional •Examples include: instructions, newspaper article, report

Another feature of communicating in the right **register** is choosing the correct part of the verb: **tú, vosotros, usted or ustedes**, and this can also depend on where you are learning Spanish (North, Central and South America follow Latin American conventions, whereas Europe, Africa, Asia and the rest of the world would be safe following peninsular Spanish conventions).

tú
- we can safely say that if it is an email to a friend, you can go for *tú*.
- it might also be appropriate in adverts or leaflets, particularly in the imperative form.
- some Latin American countries don't use *tú* at all.

vosotros
- this might be appropriate in a speech to a group of students, but if there are also adults present, you're better off going for ustedes.
- vosotros is only used in Spain, so if your audience is Latin American, it is irrelevant.
- vosotros conjugations cause students the most problems, so beware of choosing it if you're not totally confident.

usted/ustedes
- In Spain, this is formal, used for formal letters, essays and articles, and to address adults or people you don't know
- In Latin America, it is much more common, and you can safely use it for adults and young people.
- It is vital to know this form as all the rubrics are in *usted*.

vos
- This form is peculiar to Argentina, and is the equivalent of *tú and vosotros* in Spain. If you are in Europe you don't need to worry about it, but it's worth bearing in mind if you are sitting HL in case the literary text is from Argentina.
- Conjugations are different: *vos querés* instead of *tu quieres* or *vosotros queréis*.

difference with French
- If you learnt French before Spanish, chances are you had it drummed into you that *'vous'* is the formal. In Spanish, the equivalent *vosotros* has nothing to do with formal register. It is informal plural. When you want the formal, it is always *usted* (he form) or *ustedes* (they form)
- Don't make the mistake of mixing them up and saying *ustedes queréis*!! - it should be *ustedes quieren*.

consistency!
- whichever register you go for, the most important thing is to be consistent throughout the text!

Exam rubrics for Paper 2

Verbs referring to the communicative purpose of the text:

escriba / redacte	*write*	**presentar**	*to present*
describa	*describe*	**recoger información**	*to gather information*
elabore / diseñe	*design*	**persuadir**	*to persuade*
narrar / relatar	*narrate*	**manifestar su opinión**	*to present your opinion*
comentar los hechos	*comment on the facts*	**proponer ventajas**	*to propose advantages*
relatar la experiencia	*narrate the experience*	**y desventajas**	*and disadvantages*
hacer repaso de	*review / evaluate*	**recomendar**	*to recommend*
enviar	*to send*	**sugerir soluciones**	*suggest solutions*
explicar	*explain*	**invitar a participar**	*to invite to participate*
explicándole	*explaining to him*	**comunicar su**	*to communicate your*
haciendo referencia a	*making reference to*	**entusiasmo**	*enthusiasm*
dar a conocer	*to make known*	**opinar**	*to give your opinion*
poner al tanto	*to keep up to date*	**discutir de una forma**	*to argue in a logical,*
señalar	*to point out*	**lógica y organizada**	*organised manner*
presentar resultados	*to present the results*		

Rubrics referring to who you are as author:

usted presenció	*you witnessed*
usted se ha ofrecido voluntario	*you have offered to*
usted es un gran admirador de	*you are a great admirer of*
usted ha asistido a	*you have been to / attended (__not__ you have assisted in)*
usted ha sido elegido portavoz	*you have been elected spokesperson*
le piden que haga	*they ask you to*

Rubrics referring to who the reader/audience is:

el texto está dirigido a	*the text is aimed at*
la carta que usted dirigirá a	*the letter you will write to*
su mejor amigo	*your best friend*
los jóvenes	*young people*
la clase de español	*your Spanish class*
la clase de ciencias ambientales	*your Natural Sciences class*
el grupo de debates de la escuela	*the school debating group*
los futuros alumnos del BI	*future IB students*
la revista del colegio	*the school magazine*
a una revista juvenil	*a magazine for young people*
el director del instituto	*the Headteacher*
un profesor	*a teacher*
al público en general	*the general public*
los boletines informativos de los comercios	*business news bulletins*
un periódico local/nacional	*local/national newspaper*
usted mismo/a	*yourself*

Sample exam questions:

For each exam question, ask yourself 4 questions in order to work out if it is the right question for you:

1) ¿Qué tipo de texto es? → *format and presentation*

2) ¿Quién es el autor y a quién va dirigido el texto? → *clue about register*

3) ¿De qué se trata el texto? → *do you know any good vocab?*

4) ¿Cuál es el propósito comunicativo? → *usually expressed as a verb*

---

3) bullying at school   *4) find solutions*

"El nivel de intimidación ha aumentado de forma inquietante en su colegio. Usted, como portavoz de los estudiantes, colaborará con los profesores para identificar soluciones al problema. Redacte el texto del informe que presentará a los estudiantes y directores de su escuela."

1) informe = report

2) you (the author) are the students' spokesperson and the audience is the school authorities as well as the students → register is formal

---

2) you are a student interviewing a young researcher → register can be informal, friendly and personal as he is young.

3) life on the moon

Es el año 2025 y se ha establecido una comunidad de investigación en la luna. Gracias a las nuevas tecnologías, usted, como representante de su clase de ciencias, tiene la oportunidad de entrevistar a un joven investigador que vive allí, para saber como es su rutina diaria. La entrevista se publicará en la revista de ciencias de su colegio.

1) entrevista = interview → also make reference to the new technology enabling you to speak, possibly some sort of thought-phone... it's up to you!

4) to find out what his daily routine is: what he eats, where he sleeps, what he misses about Earth...

Types of Text

In the exam, HL will have a choice of 6 questions, while SL will have a choice of 4. Each question will offer a different type of text and topic area. The range caters for students' different strengths and interests, so get a feel for the kinds of questions you feel more comfortable with and be strategic in your revision. In this part of the guide, we have included an example of each type of text that could come up in Paper 2. Each text was written in response to a real IB (or IB-style) question. The text is accompanied by some vocabulary and grammar exercises as well as criteria specific guidance so that you can clearly see why it is a good text. Finally, we have included a similiar style question so that you can practise yourself. They are not real past paper questions; these you can get from your teacher or IB Coordinator in school. We've made sure that each type of text deals with a different topic area so that it's double the benefit for your revision! You can tick off types of text and topics once you have revised them.

TYPE OF TEXT	TOPIC AREA

DESCRIPTIVE TEXTS
- [ ] **Folleto informativo** .... **música** [ ]
- [ ] **Folleto con consejos** .... **transporte** [ ]
- [ ] **Hoja de publicidad**.. **proyecto CAS** [ ]

NARRATIVE TEXTS
- [ ] **Declaración a la policía**.............................. **medio ambiente** [ ]
- [ ] **Diario íntimo ..... reflexiones en la vida / Casa de BA / medio ambiente** [ ]
- [ ] **Cuento corto** .... **ser invisible** [ ]

LETTERS
- [ ] **Carta informal** ....**trabajo voluntario / cambios generacionales** [ ]
- [ ] **Carta formal** .... **turismo** [ ]
- [ ] **Correo electrónico informal y formal**........................**deberes/tecnología** [ ]
- [ ] **Carta al director de periódico** .... **anorexia y moda** [ ]

SPOKEN TEXTS
- [ ] **Entrevista** .... **literatura** [ ]
- [ ] **Discurso de agradecimiento** .... **deporte** [ ]
- [ ] **Discurso persuasivo** .... **la paz mundial** [ ]
- [ ] **Conferencia** .... **inmigración** [ ]

REASONED ARGUMENT
- [ ] **Artículo para la revista de la escuela** .... **lectura** [ ]
- [ ] **Artículo de opinión (editorial)** .... **política internacional** [ ]
- [ ] **Ensayo / Redacción equilibrada** ....**jóvenes y drogas** [ ]
- [ ] **Informe con propuestas** .... **participación escolar** [ ]

ANALYSIS & CRITIQUE
- [ ] **Crítica de película** .... **adaptaciones de libros** [ ]

Note that the categories are not totally exclusive. For example, a letter to the editor would be a reasoned argument, while a speech of thanks would have a certain narrative quality.

Folleto informativo

¡El sonido del verano del 2009!

Foto de Dizzee Rascal

El verano es el mejor momento para la música en Londres. Hay una enorme variedad de música disponible y eventos a los que ir. Este folleto te da los detalles esenciales para los festivales y los nuevos artistas y grupos más populares del momento.

Los dos tipos de música más interesantes son Pop e Indie/Rock:

POP

Algunos de los artistas más populares son Britney Spears, Enrique Iglesias y Dizzee Rascal. Dizzee es la voz de los jóvenes rebeldes. La música de Enrique es pegadiza y quizás este año escucharemos su mayor éxito. Britney está haciendo un regreso con una impresionante gira.
Consigue tu entrada para el O2 en www.theO2.co.uk

indie / rock

El grupo de mayor éxito en este momento es, sin duda, Kings of Leon. Sus melodías son muy populares y el cantante tiene una voz increíble. Los veremos en todos los festivales. Sin embargo, el grupo que está generando entusiasmo es Blur, ¡que ha vuelto!. Su concierto secreto e íntimo en HMV-Oxford Street fue inolvidable.
¡Espera a escucharlos en directo!

¡Las chicas rockeras!

Los nuevos sonidos del verano. He aquí algunas de las nuevas artistas más emocionantes del momento:

LADYHAWKE

Cita célebre: "quería hacer música que pudiera hacer sonreír a la gente y darles un sentimiento de nostalgia"
Influencias: Stevie Nicks, Deep Purple, Joan Jett
Género: electro / indie / pop

LA ROUX

Se destaca por: su voz (tono alto)
Influencias: Michael Jackson, Yazoo, The Cure
Género: Pop

Florence + la máquina

Género: acústico
Influencias: Tom Waits, Nick Cave, Björk
Cita célebre: "quiero que mi música suene como si te tiraras de un árbol o de un edificio alto y no pudieras respirar"
(¡qué extraño!)

¡Música 2009!

El Festival de Glastonbury

Glastonbury 2009 va a ser el festival más electrizante del año. Es el equivalente de Benicassim en España. Música de todo tipo suena allí durante todo un fin de semana. Las entradas son caras, pero es el punto culminante del año para cualquier amante de la música. Si quieres ir, hace falta llevar tres cosas esenciales:

- Tus botas de agua
- Tu tienda de campaña   *¡¡No te lo pierdas!!*
- Tu cámara

BBC Proms

Los Proms de la BBC son el evento clásico más famoso de Londres. Las actuaciones más memorables van a ser la Real Orquesta Sinfónica y la Orquesta Ukulele de Gran Bretaña. Las entradas ya están disponibles en www.bbc.co.uk/proms

*** ¡¡QUÉ LO PASES BOMBA EN LONDRES ESTE VERANO!! ***

403 palabras   **Basado en un texto original de Gabby**

How to score highly with a leaflet

The communicative purpose is evocative description

The vocabulary is related to MUSIC – find the Spanish words for:

events _____   enthusiasm _____   catchy _____

festivals _____   melodies _____   electrifying _____

artists _____   performances _____   culminating _____

bands _____   orchestra _____   unforgettable _____

singer _____   tickets _____   famous _____

greatest hit _____   to sound like _____

You have to think carefully about how to include a range of grammatical structures in a text characterised by short sentences. The most complex sentences here are actually the quotations. Imperatives are common in leaflets and these can be tricky, but just a few make a difference.

Let's practise! → IMPERATIVES – look for the imperatives in the *tú* form:

get _____   wait _____

don't miss out! _____   have a great time! _____

✓ The register is informal, aimed at teenagers
✓ There is some humour
✓ It is eye catching with lots of exclamations (¡ !)
✓ Sentences are short so it is easy to read

A leaflet should have a clear **TITLE**, and be divided into sections with <u>SUBTITLES</u>. Do use capital letters, bold and underlining, for emphasis. You can even divide the exam paper into two columns and draw a box around a section of text or to indicate where a picture would go. Don't forget contact details, like <u>websites</u> and phone numbers.

Organisation:
- **Leaflets need to be clearly organised**
- **Introduction**
- **Paragraphs** (text boxes)
- **Conclusion** (Have a great time!)

Range of relevant ideas:
- 2 types of music with examples
- 3 new female singers
- details of 2 festivals
- made up quotations

<u>Ready to have a go? Try this Paper 2 style question:</u>

Se van a celebrar los próximos Juegos Olímpicos en su ciudad y a usted le han pedido diseñar un folleto informativo para los jóvenes hispanohablantes que van a venir para que saquen el máximo provecho de las nuevas instalaciones deportivas y los servicios ofrecidos.

Folleto con consejos

¡Ven al colegio con estilo!

Solamente el 6% de los estudiantes va al colegio en bici y si eres uno pues enhorabuena. Pero queremos que todos los alumnos tengan la confianza suficiente para venir al colegio en bici y esperamos que este folleto os dé toda la información que necesitáis.

Antes de coger la bici:

☑ (1)....................... la presión de los neumáticos - ¡lo último que quieres es un neumático pinchado!

☑ (2). .... de comprobar las otras partes de la bicicleta también, por ejemplo ¡(3)....................... el asiento si has crecido recientemente!

☑ (4)............................ un camino seguro y (5)......................... los carriles bici.

☑ Si quieres ir en bici por la noche ¡es imprescindible que lleves luces y ropa fluorescente!.

Los ciclistas van a la moda:

℗ Hoy en día hay muchas variedades de cascos, guantes y chaquetas reflectantes - ¡irás a la última!

℗ Aunque mucha gente piensa que el casco no es necesario para una distancia corta, hay pruebas de que el 40% de heridas en cabeza se produjeron porque la persona no llevaba casco, ¡(6)................ ignorante!

℗ (7)..................... una chaqueta de seguridad siempre que vayas en bici. Algunos jóvenes dicen que la chaqueta te hace parecer un payaso, pero (8)....................... **¡más vale prevenir que lamentar!**

Cuando vayas por la ciudad:

Hay un camión a la izquierda ¡oh! y una camioneta de helados ¡ay! es muy peligroso ¡debo centrarme en la carretera!

↓ (9)............. estar siempre alerta y piensa.

↓ Cuando tuerzas, (10)...... señas y (11)......... que el coche de atrás te vea.

↓ (12).................. en fila cuando vayas con amigos, (13)................. no obstruir la carretera - ¡los conductores lo apreciarán!

↓ Además, (14) .... el código de la circulación - no va sólo para los vehículos.

(15)......... tu propio casco ¡será único!

(16)................ a un curso de ciclismo. ¡ES GRATUITO! Pregunta en tu colegio

Y ¡(17).......................! el MEJOR CICLISTA es el MENOS EGOÍSTA (en la calle)

LLAMANDO A TODOS LOS JÓVENES CON BICI: (18).......................... EN UNA CARRERA EXTRAORDINARIA PARA RECAUDAR FONDOS PARA EL HOSPITAL DE GREAT ORMAND STREET.

---

262 palabras   **Basado en un texto original de Cheryl**

How to score highly with a leaflet with recommendations

The communicative purpose is objective description

The vocabulary is related to TRANSPORT – find the Spanish words for:

bike _____	*cycle paths* _____	*gloves* _____
seat _____	*lights* _____	*vehicles* _____
tires _____	*hi-viz jacket* _____	*traffic* _____
way _____	*helmet* _____	*drivers* _____

Let's practise! → more IMPERATIVES

As this is a leaflet with recommendations/advice, there are lots of imperatives. Fill in the blanks with the *tú* form, and pay attention to positive/negative, pronouns and accents:

1. *check* (comprobar)	7. *wear* (llevar)	13. *try* (intentar)
2. *don't forget* (olvidarse)	8. *ignore them* (ignorarlos)	14. *follow* (seguir)
3. *adjust* (ajustar)	9. *procura* (try)	15. *design* (diseñar)
4. *plan* (planear)	10. *make* (hacer)	16. *sign up* (apuntarse)
5. *use* (usar)	11. *be careful* (tener cuidado)	17. *remember* (recordar)
6. *don't be* (ser)	12. *stay* (quedarse)	18. *participate* (participar)

Vary your structures for giving advice:	
- deber + infinitivo	- es importante/ imprescindible que + subjuntivo
- hay que + infinitivo	- esperamos que + subjuntivo
- si…	- querer que + subjuntivo

- ✓ The register is informal and appellative (meaning talking directly to the reader)
- ✓ There is humour
- ✓ The bullet points are varied rather than one long list
- ✓ The author understands the audience: some young people don't wear protective clothing because it's embarrassing, so she promotes the idea that safe can be fashionable too
- ✓ Facts & proof (%) – it's ok to make up your statistics!
- ✓ Slogan

Use proverbs - Can you work out the meaning of: *"¡más vale prevenir que lamentar!"*

Organisation:
- introduction
- each list or bubble deals with a separate idea
- conclusion (slogan & advert for charity race)

Range of relevant ideas:
- tips on safety and fashion
- free courses at school
- ideas to appeal to younger students
- statistics

Ready to have a go? Try this Paper 2 style question:

Usted participó en un viaje de solidaridad de tres semanas a un país extranjero con un grupo de estudiantes y 2 profesores. El viaje se dividió entre trekking, trabajo voluntario y turismo. A usted le han encargado el diseño de un folleto informativo para promocionar el próximo viaje y dar consejos a los participantes.

¡Aprenda a usar Internet gratis!

Para nuestro programa **C**reatividad **A**cción **S**ervicio estamos ofreciendo clases gratuitas de informática.

¿Quién dará las clases en la Red?

Hola, somos **Nicole, Nick y Laura**. Somos estudiantes del Colegio San Vicente y seremos su personal docente. Ya que leemos mucho por Internet y escribimos bastantes ensayos por ordenador, quisiéramos apoyar a los que viven cerca del Colegio a sacar provecho de las nuevas tecnologías.

¿Quién podrá asistir a los cursos?

¡Nuestro curso es para todos! Recomendamos que los niños (1).................. a nuestros cursos para aprender juegos eduativos. Es esencial que los jóvenes (2).................... a usar Internet antes de que (3).................. del colegio para buscar trabajo o ir a la universidad. En el mercado laboral, ¡parece que los empleados que (4).................... manejar el Internet valen más que los que no puedan usarlo! Por eso sugerimos que los mayores también (5)...................... con sus hijos.

¿Cuánto costarán los cursos?

¡Nuestras clases son gratuitas!

Algunas ventajas del Internet:

- Muchos recursos y fuentes de información
- Acceso fácil y rápido a las noticias
- Comunicación instantánea por correo electrónico y redes sociales
- Puede seguir las transacciones de su tarjeta de crédito sin ir al banco
- ¡Es imprescindible en nuestra sociedad!

Para los niños y los jóvenes	**Para los adultos**
¡Vente a nuestros cursos! Nos divertiremos mucho y si asistes, tendrás más éxito en el futuro. En lugar de ir de compras, vente a pasar tiempo con Nicole, Nick y Laura. Deseamos que (6)........................... conocimientos y destrezas para usar ordenadores.	El saber no ocupa lugar. Cuando (7)....................... buscando trabajo, el poder usar Internet será útil. Habrá una diferencia apreciable entre los ingresos mensuales de los que (8)........................ usarlo y los que no, como ilustra este gráfico:

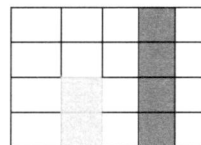

¿Desea más información acerca de los cursos, el Internet o los profesores?

Llame al Colegio San Vicente al (956) 967-1000
o visite nuestra página web en www.InternetParaTodos.com

Las clases comenzarán el 12 de octubre a las 19:30 en la Sala 2.
¡¡NO SE LO PIERDA!!

Colegio San Vicente – una escuela de BI

332 palabras   **Basado en un texto original de Nicole**

How to score highly with a promotional leaflet / advert

> *More relevant for HL*

The communicative purpose is objective and promotional description

Criteria A — Language

The vocabulary is related to TECHNOLOGY – find the Spanish words for:

Internet _____   sources _____

the Net _____   email _____

computer _____   social networking sites _____

work force _____   knowledge _____

resources _____   skills _____

website _____

Let's practise! → PRESENT SUBJUNCTIVE

The subjunctive is used after structures of recommendation (*recomendamos que, sugerimos que*), judgment (*es esencial que*), probability (*parece que*), and hope (*deseamos que*). Fill in the gaps with the present subjunctive. Most of them are irregular, just to make it more challenging!

1. asistir (ellos)
2. empezar (ellos)
3. terminar (ellos)
4. saber (ellos)

5. venir (ellos)
6. adquirir (tú)
7. estar (usted)
8. poder (ellos)

Criteria B — Cultural Interaction

✓ The register is appellative – this means talking directly to the reader, to engage their attention
✓ It is quite informal, as it is written by students, for young people
✓ But some bits are more serious as they hope to attract adults too
✓ Sentences are short and punchy, with lots of exclamations
✓ The message is made vivid by exclamations/statements like *¡no se lo pierda!* Don't miss out!
✓ The graphic is meaningless in terms of data, but demonstrates to the examiner attention to the layout of a real advert, as a graph showing the proven benefits of a product is a persuasive device.

> A title, subtitle and sections, pictures, where to find more information, are all essential features of a leaflet advertising a service. You don't need to draw pictures, but you can use capital letters for headings and draw a quick box and put a note inside saying "foto de niño", for example. The examiner will get the idea!

Criteria C — Message

Organisation:

- Clear title & introduction
- Each section deals with a different aspect of the course
- The contact details are the equivalent of a conclusion

Range of relevant ideas:

Adverts are usually short on words and big on images, so to write 250/400 words is not at all easy. If you break it up into sections and boxes, and aim to appeal to different groups of people, this enables you to incorporate a range of ideas and registers.
- Playing games will appeal to children
- Job prospects are more relevant to young people and adults
- Other details include information about when, what time and where the classes will take place, a phone number and website
- Who the teachers are and who the course is for
- Benefits of attending the classes
- It also promotes the ethos of the IB (which the examiners love!)

Ready to have a go? Try this Paper 2 style question:

Para su proyecto CAS, usted y un grupo de amigos han organizado un nuevo club en su colegio para promocionar las ciencias entre los alumnos menores. Escriba el folleto informativo que se va a distribuir en las clases con todos los detalles del club.

Declaración a la policía

Policía de Cataluña
Barcelona
85860

Domingo 20 de agosto de 2010

DECLARACIÓN DE ACTIVIDADES PELIGROSAS DE TURISTAS EN EL BOSQUE DEL VALLE DE ARÁN

Muy Señor mío:

Le escribo para declarar que astestigüé algunas actividades peligrosas de un grupo de turistas en el bosque del Valle de Arán en Cataluña.

El sábado 19 de agosto estaba haciendo senderismo por el bosque con dos compañeros cuando vimos un grupo de turistas ingleses haciendo una serie de actividades que (1)................ en peligro esa zona natural. El grupo (2)................ en dos hombres y dos mujeres y (3) .... un coche FORD rojo cuyo número de matrícula era LN1Z-78D9.

En primer lugar, los coches no (4).............. estar en esa zona de bosque ya que los caminos son sólo para peatones. En segundo lugar, habían encendido una fogata y estaban cocinando en ella. **Encima**, estaban fumando y (5)................ sus colillas en el suelo. No hace falta decir lo peligrosas que fueron esas actividades, **dado que** es agosto, las temperaturas están a más de 35 grados y es una zona que ha sido muy afectada por incendios forestales. En tercer lugar, estaban bebiendo alcohol y cuando (6)..................... una botella, la (7)................... en los árboles, lo cual fue escandaloso **ya que** la basura puede perjudicar a los pequeños animales. **Además** la combinación de alcohol y fuego es muy irresponsable. **Finalmente**, (8)....................... un estéreo y (9)........................ su música a un volumen muy alto, **lo cual** (10).............. miedo a los pájaros y otros animales.

Cuando nos acercamos a ellos para decirles que su actitud era peligrosa e inaceptable, fueron muy groseros y nos dijeron que nos fuéramos y que les dejáramos en paz. Vimos que era inútil hablar con ellos y no (11).................... una confrontación agresiva. **Por ese motivo** escribo esta declaración para que ustedes busquen a los responsables.

Me puso muy triste ver a gente tan desconsiderada. La seguridad de las zonas naturales es la responsabilidad de todos. Espero que hagan algo para evitar este tipo de situación en el futuro. Sería buena idea poner más carteles y señales en el bosque para avisar a los turistas sobre las reglas.

Le agradezco su atención y le saluda atentamente,

Lea Salvador
Lea Salvador

359 palabras

Basado en texto original de Lea

How to score highly with a police / witness statement

The communicative purpose is objective narrative

The vocabulary is related to the ENVIRONMENT – find the Spanish words for:

forest _____	forest fires _____
hiking _____	trees _____
paths _____	birds _____
bonfire _____	posters _____
cigarette butts _____	signs _____

Let's practise! → IMPERFECT TENSE
Fill in the gaps in the text – you'll have to work out the subject from the context first!

1. poner	5. dejar	9. escuchar
2. consistir	6. terminar	10. dar
3. tener	7. tirar	11. querer
4. deber	8. llevar	

¡Ojo! Use of PRONOUNS:

- *nos acercamos a ellos para decirles*
- *nos dijeron que nos fuéramos*
- *y que les dejáramos en paz*
- *Le agradezco su atención*

- we went up to them to tell them
- they told us (that we should) go away
- and leave them alone
- Thank you for your attention

Criteria B   Cultural Interaction

Who knows what a police statement looks like unless you've ever been a witness, or arrested? A real statement is written by a police office who transcribes your words. So unless you have a very good idea of what one looks like, then a formal letter to the police informing them of something you have witnessed should do. This type of question might appeal to a candidate more confident in dealing with narrating facts rather than creative writing. You still need to imagine the situation, but the focus is more on stating the who, what, when and where of the situation. Use a formal, objective register and adopt the position of a responsible citizen:

no hace falta decir	it goes without saying
era muy irresponsable	it was very irresponsible
es la responsabilidad de todos	it's everyone's responsibility

Let's practise! → COHESIVE DEVICES – match them up:

1. en primer lugar	a. finally
2. finalmente	b. in addition
3. cuando	c. firstly
4. encima	d. which
5. dado que	e. for that reason / because of that
6. ya que	f. when
7. además	g. given that
8. por ese motivo	h. furthermore
9. lo cual	i. as

Criteria C   Message

Organisation:
- Introduction
- Clearly defined paragraphs
- Conclusion

Range of relevant ideas:
Setting the scene in a forest is simple yet effective = risk of forest fires in the summer; effect of rubbish and noise on animals; the tourists; the car number plate; the tourists' attitude when confronted; suggestions about what should be done.

Ready to have a go? Try this Paper 2 style question:

Recientemente la violencia callejera ha empeorado en su barrio y ayer usted presenció un acto de agresión contra los pasajeros de un autobús. Redacte la declaración que enviará a la policía local para ayudarles con su investigación.

Diario íntimo

30 de diciembre del 2009   23:35

Querido diario,

Son las once y media y no tengo ganas de dormir.

Estaba a punto de apagar la radio para acostarme cuando empezó una canción: *Smooth*, de Carlos Santana. Ya sabes cuánto me gusta esta canción porque lo escribí en tus páginas el verano pasado ;-) Me recuerda muchas cosas y me pone de buen humor. Me recuerda todos los momentos especiales (¡y relajantes!) que pasamos mientras estuvimos de vacaciones en México. Como siempre la escuchábamos en el coche, ahora puedo ver el paisaje como si estuviera allí...

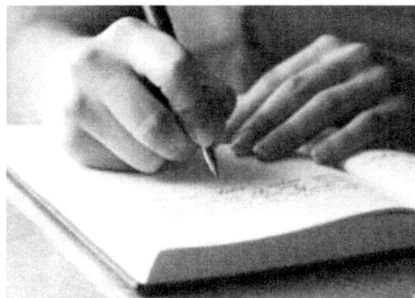

Escucharla me pone feliz y triste al mismo tiempo. Me hace echar de menos a todos los amigos que conocí allí, la comida, el color de las flores... pero a pesar de eso, me siento más contenta que antes.

Esta canción es tan especial porque me hace pensar en lo afortunada que soy. *Smooth* significa algo como 'suave'...me hace pensar que la vida puede ser tranquila, que no siempre es necesario correr y hacer todo con prisas. También es importante parar y pensar en cómo sacar lo máximo de la vida y aprovechar los momentos.

Me recuerda un momento en particular. Estaba sola, sentada en la terraza del apartamento, disfrutando de la vista y reflexionando sobre la vida (era la última noche antes de volver a Inglaterra). ¿Conoces esos momentos en que miles de preguntas empiezan a llegarte de todos lados? ¿Los momentos cuando ya no puedes hacer frente a la vida? ¿Cuando estás tan confusa que nada tiene sentido? Bueno, me acuerdo de que en ese momento cuando tenía todos estos pensamientos, podía oír la canción que venía del pequeño bar de la playa, y entonces recuerdo que me di cuenta de que era importante dejar de pensar en tonterías y aprovechar lo máximo de la vida.

Y fue cuando cogí mi bolso y salí del apartamento, sin hacer ningún ruido, y bajé al bar y...todo parece un sueño ya...se me acercó Pedro, el chico que había estado observando toda la semana...me preguntó si quería bailar con él...le dije que el día siguiente iba a volver a mi país pero dijo "sólo importa ahora"...y bailamos...

Mis padres estaban furiosos cuando regresé... ¡a las tres de la mañana! Seguro que nunca volveré a ver a Pedro, pero esta canción me recuerda que a veces es divertido arriesgarse porque ésos son los momentos que recordaré para siempre.

Bueno, ya tengo sueño,
Chiara

406 palabras   **Basado en un texto original de Chiara**

How to score highly with a diary entry

The communicative purpose is imaginative narrative

Criteria A   Language

The vocabulary is related to NOSTALGIA, REMEMBERING & MOODS – find the Spanish expressions:

you know how much I like   _____

I remember   a)_____ b)_____

it reminds me   _____

it puts me in a good mood   _____

it makes me think about   _____

it makes me miss   _____

I feel   _____

it all feels like a dream already _____

to stop thinking about nonsense _____

to make the most of   _____

I'm sure that   _____

> As diary entries are very popular texts, we have included 2 extra examples on the next pages.

This diary entry demonstrates a wide range of verbal structures and tenses:

iba a acostarme	= I was going to go to bed
escucharla	= listening to it
la escuchábamos	= we used to listen to it
estaba a punto de apagar la radio cuando	= I was just about to turn off the radio when
el chico que había estado observando toda la semana	= the boy I had been watching all week
como si estuviera allí	= as if I were there

Criteria B   Cultural Interaction

✓ The register is informal and intimate.
✓ It's ok to put the odd smiley or doodle to make it more convincing.
✓ It's also fine to include the odd slang word you might know but don't overdo it, and avoid swear words, the examiners don't like it.
✓ Feel free to talk <u>to</u> the diary, as if it is a close friend, the only one who really understands you, eg: *ya sabes*   as you already know   *tus páginas*   your pages
✓ Remember, as you are the writer <u>and</u> the reader of a personal diary, there are things you don't need to say about yourself and your life, because, obviously, you already know them.
✓ You can leave some sentences unfinished, as the idea is that you write whatever comes into your head, which may not necessarily be perfect whole sentences.
✓ Rhetorical questions are good for showing a reflective, philosophical state of mind:
    ¿Conoces esos momentos en que...? You know those moments when...

> **A diary must have:** the date, and possibly the time, **Querido diario**, and a sign off. A typical time to write in a diary is at night when you can't sleep, so something like: **no tengo ganas de dormir** at the beginning and   **ya tengo sueño** at the end, will work well.

Criteria C   Message

Organisation:
A clear beginning, middle and end. The thread of the song runs throughout the text, in every paragraph, which shows development of ideas and not going off on tangents, which is easy to do in a diary entry.

Range of relevant ideas:
Holidays, family, friends, a moment alone, a romantic interest, the landscape, reflections on life, getting into trouble.

<u>Ready to have a go? Try this Paper 2 style question:</u>

Ha tenido una fuerte discusión con sus padres sobre lo que usted quiere hacer cuando termine el instituto. Decide desahogarse en su diario íntimo.

Diario íntimo (2)

At HL especially, one of the questions will usually allow you to draw on a literary text you may have read in class. It may be a book review, or something more creative, such as an interview with one of the characters or an alternative ending. *La Casa de Bernarda Alba*, by Federico García Lorca is a very popular text as it provides not only an essential insight into the traditional roles of men and women in Spain but also many opportunities for a creative response to the text. This is the imaginary diary entry of one of the secondary characters, la criada, who is the long-suffering maid.

veinte de noviembre

Querido diario,

Hoy me siento, como cada día, sobrecogida por una sensación agobiadora. Nunca me siento a gusto en esta casa. De hecho, estoy deslumbrada por la atmósfera opresiva. Nos hace falta libertad... es decir, es como una cárcel. Hay una brecha obvia entre nosotros y el pueblo: los muros son gruesos, para que no entre ni salga nadie. Además, todo es blanco... blanquísimo. Completamente silencioso e inmóvil. Tan silencioso que me parece desconcertante... o sea, es probable que algo espantoso se esté fraguando.

A través de todo los años, me he sentido como si Dios me hubiera dado la vida para que sirviera mis jefes. ¡Pero estoy hasta la coronilla! No quiero seguir adelante trabajando como un perro y sufriendo torturas. Paso horas interminables fregando todo hasta que la casa esté reluciente. ¿Y para qué? Bernarda no permite que ninguna persona entre en la casa. No se puede menos de pensar que por mucho que limpie, la casa tendrá un alma sucia siempre que ella esté aquí.

Es verdaderamente una tirana...una dictadora... Siempre está encima de mí; es como si por mucho que sude, nunca será suficiente. Tiene un corazón como una piedra helada. ¡Y sus pobrecitas hijas! Sobretodo mi querida Adela, tan hermosa como un ángel. Si tuviera dinero, ella podría casarse con Pepe el Romano.

Ojalá fuera rica. Por lo menos las chicas están bien vestidas y no viven en las chozas de tierra. Mi vida es muy pesada; es terriblemente difícil vivir por debajo del umbral de la pobreza. En mi juventud, ¡cómo soñé con cosas grandes! ¿Y ahora? Todo lo que tengo es un plato, una cuchara y un hoyo en la tierra de verdad. Es una lástima...es una lástima enorme...

289 palabras   **Basado en un texto original de Jenny**

Diario íntimo (3)

More relevant for HL

The environment and the consequences of natural disasters feature quite often in IB exams. This imaginary diary entry was written after the earthquake in Haiti. Note the range of tenses (underlined) and rhetorical devices (particularly questions, ellipses and personal reflections).

Querido diario: 29 de febrero de 2010   23:30pm

Sigo dando vueltas en mi cama y me parece que no voy a poder dormir. En cualquier caso, ¿quién podría dormir si <u>hubiera visto</u> lo que yo he visto? Acabo de volver de Haití y todavía me siento sobrecogida por la tristeza, la compasión, y la rabia porque me siento totalmente impotente. Ojalá <u>hubiera podido</u> ayudar más a las víctimas. Ojalá nunca <u>hubiera habido</u> un terremoto. Pero el poder de la naturaleza es imparable.

pluperfect subjunctive

past continuous

Antes del desastre <u>estaba pasando</u> unas vacaciones inmejorables en Haití: el sol deslumbrante, playas exquisitas, un ritmo de vida diametralmente opuesto a la prisa de la vida cotidiana en Londres. Además, aunque muchos haitianos <u>sean</u> humildes, nunca <u>había conocido</u> a gente tan generosa.

imperfect subjunctive   *present subjunctive*   *pluperfect indicative*

Lo que pasó fue completamente injusto. Dudo que <u>haya</u> un Dios. Si no ¿por qué hubiera permitido que tanta gente <u>muriera</u>? El día del terremoto, las vidas de miles y miles de personas fueron destruidas en un abrir y cerrar de ojos. Yo tuve suerte, ya que estaba alojada en un hotel con infraestructura menos precaria que la de la mayoría de los edificios que no se construyeron con el fin de resistir tanta fuerza.

imperfect subjunctive after 'como si'

Después de la catástrofe, por dondequiera que miraba, había caos y devastación. Casas derrumbadas, gritos, llantos… mucha gente perdió su hogar, los pocos objetos materiales que les pertenecían, su familia… todo. Me cuesta expresar el dolor y la desesperación de los supervivientes. Tenían una mirada en sus ojos como si no <u>estuvieran</u> presentes. Las palabras no son suficientes para describir su tristeza.

note the combination of imperfect & preterite tenses in this paragraph:

Mi familia y yo <u>intentábamos</u> ayudar a los demás: día tras día, <u>buscábamos</u> a gente enterrada debajo de los escombros… a las pocas horas <u>se agotó</u> el agua potable y la comida… demasiada gente <u>necesitaba</u> atención médica de urgencia y los hospitales <u>estaban</u> abarrotados de gente herida. La gente <u>esperaba</u> tanto tiempo para que llegara ayuda que no <u>se llegó</u> a salvar a muchas personas.

future tense   *perfect subjuntive*   *seguir + gerund*

Ya que Haití es un país en vías de desarrollo, el terremoto tuvo un efecto aún más devastador. Aunque la comunidad internacional <u>haya reaccionado</u> de una manera encomiable, mientras yo estaba allí, la ayuda no llegaba a los barrios marginados más afectados. Estar allí esos días fue un gran desafío… creo que he madurado más en una semana que en un año entero. Nunca <u>olvidaré</u> lo que vi allí. A largo plazo, espero que las cosas mejoren en Haití. <u>Sigo haciendo</u> lo máximo para recaudar fondos y sensibilizar a los demás de la situación apremiante allí. Más que nada, temo que el mundo vaya a olvidar lo que pasó. No sólo necesitan ayuda para resolver los problemas inmediatos sino que también tendrán que reconstruirlo todo y de una manera que asegure que si hubiera otro terremoto no sería tan devastador. Pero ¿quién sabe? El mundo es injusto, muy injusto.

present subjuntive after 'quizás'

Escribir mis pensamientos suele ayudarme a entender la vida pero no me parece posible en este caso. Voy a intentar dormir ahora. Quizás <u>me sienta</u> más optimista mañana…

502 palabras   **Basado en un texto original de Jenny**

Cuento corto / relato breve

Siempre había pensado que era una chica normal – voy al colegio, salgo por la noche en pandilla, y me gusta bailar hasta que no aguante más de pie. Pero, hace tres meses, todo cambió en un instante. Al principio parecía un día normal. Me desperté de un sueño profundo con el sonido ruidoso de mi despertador. Todavía odio las mañanas – ¡ojalá el colegio empezara a las diez! Desde que era pequeña he sido una persona nocturna, así que no estaba completamente despierta y empecé mi rutina sin darme prisa.

De repente, cuando fui al cuarto de baño para lavarme los dientes, ¡me llevé un susto que por poco me dio un ataque al corazón! ¡Me di cuenta de que no podía ver nada en el espejo! ¡No daba crédito a lo que veían mi ojos, tenían que estar mintiendo! Allí estaba mi ropa, pero ¿dónde estaba yo? Seguro que todavía soñaba. Me pellizqué algunas veces pero mi cuerpo ya no aparecía en el espejo. Si los ojos no me engañaban, sólo había una explicación: era invisible. Nunca podría haber imaginado que fuera posible pero he descubierto que la vida está llena de sorpresas.

Para asegurarme de que no me estaba volviendo loca, descendí rápidamente la escalera mientras mi madre gritaba como de costumbre, "*¡haz tu cama por una vez! Y ¡no olvides tus deberes! ¡Ay! me vuelves loca a ve-!*" En cuanto me vio, soltó la sartén y se puso pálida como la muerte. "¡Soy yo, mamá, soy Manuela!" Vacilé pero no recibí ninguna respuesta. Era como si no estuviera allí, como si no existiera. Estaba tan desesperada que decidí cantar su canción preferida para probar mi identidad. Esto sirvió, pero ni ella ni yo sabíamos qué hacer después. Tenía mucho miedo. ¿Cómo iba a poder cambiar mi estado sobrenatural e inexplicable?

No fue tan fácil convencer al doctor ni a mis amigos de que mi situación no era una gran broma. Nadie tomaba en serio a mi madre cuando intentaba explicarlo, todo el mundo se reía día tras día: "*¡No seas boba!*", dijo mi mejor amiga riéndose cuando mi madre la llamó por teléfono. Y mientras tanto, yo no salía de casa. Sin embargo, poco a poco, algunas personas empezaban a creernos y en un abrir y cerrar de ojos, estaba rodeada por cámaras y micrófonos – fue como una reacción en cadena.

Cuando descubrí que no existía un remedio, no sabía si reírme o llorar, pero espero que algún día haya una solución. Entonces, todavía vivo como un fantasma– es una vida un poco extraña – pero hay que adaptarse a cada situación ¿no? Una cosa es cierta: ¡mi vida nunca volverá a ser ni aburrida ni normal!

447 palabras   **Basado en un texto original de Alex S**

How to score highly with a short story

The communicative purpose is imaginative narrative

Criteria A   Language

The most interesting vocabulary in this text is the range of VERBS and IDIOMS – find the Spanish words for:

to hurry up _____	*until I can't stand up anymore* _____
I realised _____	*I got such a fright* _____
to lie _____	*she went pale* _____
to dream _____	*that I wasn't going mad* _____
I pinched myself _____	*to take seriously* _____
to deceive _____	*all of a sudden* _____
to hesitate _____	*to rush down the stairs* _____

For narrative to work well, you need to show good control of past tenses, especially preterite and imperfect, so start by highlighting these. Then underline these more complex structures in the text:

► If only school started at ten
► It was as if I weren't there, as if I didn't exist
► I never could have imagined it would be possible
► How was I going to be able to change

Criteria B   Cultural Interaction

Creative writing is an opportunity for candidates who love words to create a text for enjoyment and reflection. To create a successful text in just 400 words, the idea should be simple, the number of characters minimal, with one or two surprises. A few words of dialogue can reveal more about a character than a lengthy description. Sounds, alliteration and metaphor can conjure up images in the imagination of the reader.

✓ There is a build up of tension through focusing on mundane details (like the alarm clock) when you know something big is about to be revealed
✓ The author leaves her mother's final word (*a veces*) unfinished to emphasize the shock
✓ Character development through dialogue instead of description
✓ Rhetorical questions enabling us to follow her state of mind and reactions

Narrative structural elements – match them up:

1.	de repente	a.	*meanwhile*
2.	todavía	b.	*at first*
3.	desde	c.	*when*
4.	al principio	d.	*still*
5.	así que	e.	*so, therefore*
6.	hace tres meses	f.	*three months ago*
7.	entonces	g.	*so, therefore*
8.	cuando	h.	*gradually*
9.	en cuanto	i.	*however*
10.	mientras tanto	j.	*suddenly*
11.	sin embargo	k.	*as soon as*
12.	poco a poco	l.	*since*

Criteria C   Message

Organisation:
There is a clear beginning, middle and end to the story: from her discovery, through other people's reactions, and finally her coming to terms with the situation.

Range of relevant ideas: The setting of the scene as a normal day; character descriptions of herself as a normal person so we empathise more with her unusual predicament; the moment of discovery; details such as her mother dropping the frying pan; singing to convince her mother; that when people start to believe her, the media turn up.

<u>Ready to have a go? Try this Paper 2 style question:</u>

"Al principio, era un día normal: me desperté, fui al colegio...hasta allí, nada fuera de lo común. Pero cuando volvía a casa con mi amiga, se nos acercó un hombre..." Termine la historia.

Carta informal

CARTA ENTRE AMIGOS/AS

(a)..

(b)...

(c)...................................... que recibí ayer. Bueno, te cuento cómo me va mi trabajo voluntario en Lima.

Primero, ¡es muy diferente de lo que esperaba! Antes de venir aquí, tenía un poco de miedo porque Perú está muy lejos de Londres, y no sabía si los peruanos serían simpáticos o no. Me sentía diferente, como si destacara, y no sólo porque tengo un color diferente de piel sino porque soy muy alta y pelirroja. También estaba nerviosa en caso de que tuviera problemas y nadie pudiera entenderme.

También me costaba imaginar cómo sería trabajar en Lima. Nunca antes había visitado una ciudad como Lima en un país en vías de desarrollo, así que no tenía ni idea de cómo sería. Además, me preocupaba cómo serían los demás voluntarios, ya que la mayoría iban a ser adultos que no querrían formar amistades con una chica de dieciséis años...

Afortunadamente, estaba totalmente equivocada. Conocí a una señora en el avión que se llamaba Enriqueta y cuando llegué al aeropuerto me ayudó con las maletas y con su ayuda, encontré al hombre de mi organización, Soluciones Inter-Culturales, que me condujo a la casa de SIC. Cuando llegamos, los otros voluntarios estaban cenando, pero desde el primer momento fueron muy simpáticos. Además, la mayoría eran sólo un poco mayores que yo.

Pero con lo que más me equivocaba era con cómo sería el trabajo. No imaginaba que la pobreza en los 'Pueblos Jóvenes' – barrios situados en las afueras de Lima, fuera tan terrible. Las calles están muy sucias y la mayoría de los edificios están inacabados o dañados. Las casitas están hechas de pedazos de metal y hay perros abandonados en todas las calles... Sin embargo, aunque parezca raro ¡la gente era feliz!

Estoy trabajando en un colegio enseñando inglés y cada mañana los niños de mi clase me reciben con grandes sonrisas. Las señoras de la cocina (donde también trabajo preparando el almuerzo de los niños) hablan con nosotros, nos cuentan historias y chistes.

Esta experiencia en Lima ha cambiado totalmente mi opinión de la ciudad y de los peruanos, pero también ha cambiado mi opinión de mi vida. Me he dado cuenta de que tengo mucha suerte y de que no debería quejarme de las cosas pequeñas cuando estos niños son felices con su condición.

(d)...

(e)...................................

(f)................................

380 palabras   **Texto original de Camila**

How to score highly with an informal letter

The communicative purpose is informal written interaction

Criteria A   Language

The vocabulary is related to SOLIDARITY – find the Spanish words and expressions:

voluntary work _____

volunteers _____

developing country _____

to help_____

organization _____

poverty _____

teaching _____

buildings_____

I was a bit afraid _____

I found it hard to imagine _____

I didn't have a clue _____

what I expected _____

I was totally wrong _____

I have realised _____

I am so lucky_____

I shouldn't complain_____

Criteria B   Cultural Interaction

The informal letter, along with the diary entry, is one of the most popular types of text, probably because it is considered easier. That's true, but remember that if the examiner has hundreds of letters to read, it can get quite boring, so make sure that your letter stands out. As letters are such popular texts, we've included two extra examples on the next pages to show you how you can adapt the register depending on who you are writing to.

Format of an informal letter – insert these elements in the right places:

- Un abrazo,
- Gracias por tu última carta
- Lima, 16 de septiembre de 2009
- Bueno, saludos a todos en Londres y escríbeme pronto.
- *Camila* xx
- Querida Isabel:

Criteria C   Message

Organisation:
It's quite easy to write an informal letter without planning, so make sure you still use paragraphs and linking words or your text can become repetitive and rambling – a sure way to lose marks!

Range of relevant ideas:
Depending on the question, ideas are limitless! Just be careful to cover <u>every aspect</u> of the question.

Ready to have a go? Try this Paper 2 style question:

Usted está intentando convencer a su abuelo de que se compre un ordenador. Escríbale una carta explicándole los beneficios que un ordenador le podría aportar en diferentes aspectos de su vida.

Carta informal (2)

Paper 2 style question

Usted es buen estudiante, es responsable y saca buenas notas, pero se siente ignorado en casa. Decide escribir una carta a sus padres llamando su atención y explicando su punto de vista para mejorar las relaciones en casa.

Barcelona, 3 de mayo de 2010

Queridos padres:

Supongo que os habréis dado cuenta de que durante los últimos meses ha habido un poco más de tensión en casa. Por eso os escribo esta carta para que **podáis** entender por qué creo que estamos tan distantes.

En primer lugar, desde que Felipe se marchó de casa me he sentido muy sola. Nada es igual desde que se fue, pero no esperaba que **fuera** tan difícil vivir sin él. No quiero que **penséis** que soy egoísta, pero me gustaría que **pasaráis** más tiempo conmigo en vez de mandar correos-electrónicos y trabajar todo el tiempo. ¡Ojalá **pudiera** hablaros de mis penas! Pero me da miedo que **penséis** que soy inmadura y que os canséis de escucharme.

A veces me molesta que no me **entendáis** y que os importen más vuestros trabajos que yo. Cada vez que intento acercarme a vosotros me siento ignorada, y esto me enoja y me deprime.

Debido a que suelo comportarme bien y saco buenas notas en el instituto, pensáis que habéis cumplido vuestro deber en relación a criarme, ¡pero no es verdad! Dudo que os **hayáis dado cuenta** de que ya estoy creciendo y me preocupo mucho por mi vida social y mi aspecto personal. ¡A veces me parece que sólo os preocuparíais si **estuviera** embarazada o **fuera** drogadicta. Estoy harta de que mi propia casa me parezca más un hotel que un nido paterno.

Os agradezco todo lo que me habéis dado y por criarme hasta ahora, pero no basta. Ahora necesito que **seáis** mis amigos. Por lo tanto, para disminuir esta brecha entre nosotros, esta distancia, sólo os pido que me **deis** media hora de vuestro tiempo cada día para charlar y escucharme. Tenemos que cambiar nuestras rutinas diarias si queremos mejorar nuestra relación. Estoy segura de que valdrá la pena.

Necesito vuestro amor y apoyo, aunque no lo **parezca**.

Con todo mi amor y respeto,

Lilli

322 palabras   Texto original de Lilli

**LET'S PRACTISE →
USING THE SUBJUNCTIVE**

verbs of influence

querer que +

gustar +

molestar que +

necesitar que +

pedir que +

estar harto de que+

verbs of doubt, hope and fear

dudar que +

esperar que +

da miedo que +

ojalá +

conjunctions

para que +

aunque +

si +

Carta informal (3)

Usted tiene 75 años y ha recibido una carta de su nieto o nieta en que se queja de su trabajo y su vida amorosa. Escríbale una respuesta explicándole cómo han cambiado las cosas desde que usted era joven y dándole consejos.

Madrid, el 3 de enero de 2010

Querida Ana:

Gracias por tu carta, como hacía tanto que no me escribías <u>pensaba que me habías olvidado</u>.

¿Qué pasa con tu trabajo? <u>¿Por qué te quejas tanto?</u> ¿No aprecias el hecho que tienes una buena educación, cariño? **No olvides** que cuando yo tenía tu edad, ni siquiera tenía el derecho a una educación secundaria. **Escúchame** – es cuestión de manejar bien el tiempo, <u>lo que deberías hacer es</u> ser más organizada. <u>¿Sabes que</u> dos de cada tres niños que carecen de acceso a una educación son niñas? ¡Y te quejas de tu trabajo! Pienso que no te das cuenta de lo afortunada que eres. <u>Cariño</u>, si estudias, puedes hacer lo que quieras. Recientemente las mujeres han logrado muchas oportunidades, pero en mi época, yo no tenía lo que tú tienes ahora. Hay millones de cosas que puedes hacer que yo no tenía ninguna posibilidad de hacer.

Me dijiste que tienes problemas con tu novio, o mejor dicho, tus novios, ¡je, je! **Perdóname**, no debería bromear. Seguro que hay miles de chicos que quisieran salir contigo. **No te preocupes**, ¡no hay prisa! Todavía eres joven y hace falta que disfrutes y que conozcas a mucha gente, (pero no significa hacer algo que yo no habría hecho...) Claro, nunca he estado en tu posición. Ya no es como en mi época cuando te casabas con el primero que te lo pedía. **Fíjate**, tu abuelo fue mi primer novio y pasamos 55 años juntos hasta que murió. Y ahora, <u>¿qué quieres que haga</u>? Ya soy vieja como para salir a buscar otro novio... Pero tú tienes muchas opciones para encontrar una persona buena con quien compartir tu vida, y si no dura para siempre, pues no es el fin del mundo.

Bueno, Ana, espero que veas que tus problemas no son tan horribles como te parece. Si todavía no sabes qué hacer, **llámame** por teléfono. ¡Ya sabes que tu padre me regaló uno de esos teléfonos móviles! Y **ven** a visitarme cuando puedas.

Un abrazo muy fuerte de, *tu abuela Rosita*

---

343 palabras

Basado en un texto original de Dima

Appellative devices

Talking to the reader eg:
pensaba que me habías olvidado
= *I thought you had forgotten about me*

An affectionate name for the reader eg:
cariño = *darling, sweetheart*

Rhetorical questions eg:
¿Por qué te quejas tanto?
= *Why do you complain so much?*

Referring to people you both know e.g:
tu abuelo = *your grandfather*

Making little jokes between you and the reader eg:
¡je, je! = *ha ha!*

Giving advice

Imperatives:

no te olvides	*don't forget*
escúchame	*listen to me*
perdóname	*forgive me*
no te preocupes	*don't worry*
fíjate	*look, guess what*
llámame	*call me*
ven	*come*

Other expressions:

¿No aprecias...	*Don't you appreciate...?*
es cuestión de...	*It's a question of...*
lo que deberías hacer es	*What you should do is*
hace falta que + subj	*You need to...*

Carta formal

Viajes al Sol
Calle Santa María, 6
Madrid
España

Londres, 2 de septiembre de 2009

Estimados Señores:

Me gustaría presentarles una reclamación con respecto a una excursión a Valencia organizada por su compañía. Tal excursión tuvo lugar del 12 al 14 de agosto del presente año. En principio, íbamos a viajar en autocar desde Madrid saliendo a las 10 de la mañana y debíamos pasar 2 días relajándonos en la costa.

Cuando llamé tres días antes de la salida para indicarles que viajaría con un bebé de seis meses, su representante me aseguró que no habría problema y que no tenía que preocuparme por nada. Muy amablemente, me aseguró que podría sentarme en un asiento delantero en el autocar y que me asignarían una habitación cómoda en el hotel. Pero, a pesar de que me habían garantizado un trato especial, la excursión fue un absoluto desastre.

En primer lugar, el autocar no tenía aire acondicionado así que mi bebé y yo sufrimos mucho por el calor. Aunque me mareé, el conductor se negó a parar para que tomara el aire. Luego, cuando llegamos al hotel, mi habitación estaba muy sucia, no había agua caliente y mi ventana daba a una discoteca y había gente borracha gritando toda la noche. Aunque había llevado comida para mi bebé, la nevera no funcionaba así que la comida se echó a perder y tuve que comprar leche del hotel a un precio muy elevado. Como colofón, ¡encontré un gusano en mi ensalada! La ciudad de Valencia y la costa eran estupendas. No obstante, no pude pasear mucho por la ciudad ya que no me dieron un mapa como me habían dicho que harían, con lo que pasé tres días buscando la playa hasta que me perdí. Finalmente, durante el viaje de vuelta, el autocar llegó con tres horas de retraso, con lo cual perdí una cita con el médico.

Sinceramente, las condiciones de esta excursión fueron inaceptables. El servicio fue de una calidad francamente pésima, y sobre todo, el fin de semana que debería haber sido relajante, fue de lo más agobiante. No creo que sea justo hacerme pagar el precio completo dado el trato que recibí, y dado que tuve que comprar mi propia comida ya que la comida incluída era asquerosa. Quisiera que me devolvieran el dinero a la mayor brevedad posible.

Quedo a la espera de sus noticias,

Lilli M Baker

Lilli Baker

400 palabras   **Basado en un texto original de Lilli**

How to score highly with a formal letter

The communicative purpose is formal written interaction

Criteria A   Language

The vocab is related to TOURISM and COMPLAINING – find the Spanish words for:

excursion _____	to make a complaint _____
coast _____	she assured me _____
departure _____	a total disaster _____
a seat at the front _____	I felt sick _____
room _____	he refused _____
air-con _____	delay _____
hot water _____	unacceptable _____
return journey _____	disgusting _____
quality _____	

Grammar → range of past tenses and structures for narrative/description

debería haber + past participle	→	*expresses the idea of what <u>should have happened</u>*
íbamos a viajar	→	*we <u>were going</u> to travel*
no habría problema	→	*<u>there wouldn't be</u> a problem*
para que + imperfect subjunctive	→	*"para que tomara aire" so that <u>I could</u> get some air*
quisiera que me devolvieran mi dinero	→	*I would like you to refund my money*

Criteria B   Cultural Interaction

There are different kinds of formal letter eg:
- ***carta de solicitud*** = letter of application for a job or voluntary work opportunity
- ***carta de solicitud de información*** = letter requesting information
- ***carta de reclamación / carta de queja*** = letter of complaint about a product or service

✓ Formal Spanish letters must include address, date, formal greeting, standard formulaic introduction and closing line.
✓ End with your signature and name in print underneath (do remember who you are supposed to be and sign your name appropriately!)
✓ The aim is to communicate with someone you don't know, so the register must be formal throughout (in the usted form), with no slang or jokes.
✓ More formal synonyms are chosen, such as ***precio elevado*** instead of *caro*.
✓ In the case of this complaint, the message is more vivid because of the angry tone and the exaggeration of her suffering, expressed by words such as ***un absoluto desastre, sufrimos, inaceptable, una calidad francamente pésima, agobiante, no creo que sea justo.***

Let's practise! → COHESIVE DEVICES – highlight in the text the following words:

however	especially	when	then	although	firstly	until
finally	to top it all	which meant that		given that	as	

Criteria C   Message

Organisation:
Paragraphs are essential in a formal letter:
- summarize the point of the letter
- give details about what was expected
- include all the examples of what went wrong
- end with the proposals for compensation

Range of relevant ideas:
The ideas include the imaginary trip, poor customer service from the tour rep and the bus driver, issues to do with travel, food, hygiene, and additional problems related to the baby.

Ready to have a go? Try this Paper 2 style question:

Durante un discurso, el Ministro de Educación criticó a aquellos estudiantes que deciden seguir una formación profesional en lugar de ir a la universidad. Escriba una carta a dicho Ministro en la que exprese su desacuerdo y subraye la necesidad de diferentes tipos de profesionales.

Correo electrónico informal   *informal email*

De: alice@yahoo.es
A: isabelle@yahoo.es

Fecha: 26 octubre 2009 19:04
Asunto: deberes de español

¡Hola! ¿Qué tal? ¿Has visto las últimas fotos de Ana en Facebook? ¡Qué guay! Yo no pude ir a la fiesta – tenía demasiados deberes. Sobre todo de español. Supongo que ya los habrás hecho, ¿no? Me los puedes mandar por correo electrónico para ver lo que has hecho. Es que no lo entiendo muy bien. ¿Qué es un informe?

Sabes, Isabelle, estoy harta. He tenido una semana fatal en el insti, te lo juro, me han dado tantos deberes que no sé como voy a arreglármelas. Me quedo hasta las 2 de la mañana haciendo deberes y nunca termino, luego hay días en que todo me da pereza y no hago nada. Los profes no son nada comprensivos, y mis padres, ¡mejor no hablar!

Oye, conéctate a Skype y hablamos un rato, ¿vale?

Alice ☺

Basado en un texto original de Alice M

Even with **informal emails**, the examiners don't like abbreviations and slang, but you can still use colloquial expressions:

estoy harta	I'm fed up
te lo juro	I swear
Oye	hey
¿vale?	ok?
todo me da pereza	I can't be bothered with anything
¡mejor no hablar!	don't even talk about it!
¡madre mía!	oh my God!
¡uf!	(=sigh)
¡Qué rollo!	what a pain!

Correo electrónico formal *formal email*

✉ <u>Nuevo mensaje</u>

De: clopez@movistar.com.es
A: dfernandez@gmail.es

Fecha: 26 octubre 2009 14:25
Asunto: Re: el nuevo producto
Archivo adjunto: <u>manual del iphone.pdf</u>

Estimado Señor Fernández:

Gracias por su correo en el que pide información sobre su nuevo iPhone.
Le adjunto el nuevo manual con todas las instrucciones que necesitará para utilizar la pantalla táctil, hacer llamadas, mandar SMS, descargar música, acceder Wi-Fi, y mucho más.

Le recuerdo que también puede consultar nuestra página web en <u>www.iphoneEspaña.es</u>

Un saludo,

Clara López
Departamento de Atención al Cliente

For a **formal email**, it is likely to be a work context and you may be asking for or giving advice about something.

Keep it formal and concise.

Use the **usted** form.

Organisation

Just because it's an email, doesn't mean you can ignore organisation! Be as organised as you would in a normal letter, whether informal or formal.

Carta al director

Revista MODA
Avenida de Flores
Madrid

lunes 28 de marzo

Señor Director:

He visto su reportaje sobre el desfile de moda que fue publicado en la última edición de su revista y le escribo para expresar mi decepción en la manera que trató el tema. Tras haber asistido al mismo desfile, me impactó mucho la delgadez de las modelos participantes y me enojó que su reportaje no lo mencionara. Está claro que el objetivo del artículo era elogiar a los diseñadores y sus colecciones, sin embargo, yo lo veo de otra manera. Me parece que las modelos de talla cero promueven la anorexia entre las chicas jóvenes.

En mi opinión es importante que no fomentemos la anorexia de ningún modo. Los jóvenes hoy en día, sobre todo las chicas, son muy impresionables y se dejan influir por todo lo que pasa a su alrededor. Reciben una multitud de mensajes subliminales a través de la publicidad, la televisión y las revistas que les pueden afectar a un nivel psicológico profundo. Las jóvenes se vuelven cada vez más conscientes de su propia imagen y como resultado, su autoestima invariablemente empeora. Las chicas, como ya he mencionado, intentan conseguir un cuerpo 'ideal' y acaban autodestruyéndose hasta conseguir un cuerpo anoréxico. Me entristece esta visión tan distorsionada de la belleza y, a mi parecer, es inadmisible que estemos permitiendo y promoviendo esta forma de pensar. Si seguimos haciendo la vista gorda a este problema, nunca mejorará.

Creo que una gran parte de la responsabilidad cae en las manos de los diseñadores, ya que diseñan ropa solamente para cuerpos extremadamente delgados. Cuando vi a las modelos en el desfile, podía ver sus huesos prominentes; no era atractivo en absoluto. Está claro que cuando revistas como la suya publican fotos de estas modelos, fomentan trastornos alimenticios. ¿Es ése el mensaje que verdaderamente quiere comunicar?

Deberíamos luchar contra la anorexia y hacer esfuerzos para disuadir a las chicas de que busquen cuerpos 'perfectos' ya que sólo el 2% de mujeres realmente puede aspirar a alcanzar la talla 0. Es imprescindible que les transmitamos una idea sana de la belleza para que tengan una mejor autoestima y más confianza en sí mismas.

Espero ver una actitud más responsable en su revista en el futuro.

Margaux Dubois
MADRID

379 palabras   **Basado en un texto original de Margaux**

How to score highly with a letter to the editor

The communicative purpose is controversial argument

Criteria A Language

The vocab is related to MEDIA and FASHION – find the Spanish words for:

fashion show _____   self esteem_____

the latest edition _____   self-destructing_____

thinness _____   bodies_____

designers_____   eating disorders _____

size zero models _____   attitude / stance _____

publicity_____

Let's practise! → EXPRESSIONS OF OPINION – highlight these expressions:

a) simple expressions:

está claro que   yo lo veo de otra manera   me parece que   en mi opinión

a mí parecer   creo que   espero ver

b) complex expressions:

it annoyed me that + *imperfecto del subj*   it's unacceptable that + *presente del subj*

it's important that + *presente del subj*   it's essential that + *presente del subj*

Criteria B Cultural Interaction

This is a favourite of the examiners and is similar in style, tone and organisation to a controversial essay or article, with just a few structural differences in order to make it a letter.

- ✓ Start with: **the date** and *Señor Director:*
- ✓ Sign off with: **your name** and **city**
- ✓ The register is formal and the style is argumentative and opinionated.
- ✓ Imagine that you are so angry about the way an issue was reported in a newspaper or magazine that you decide to write and complain, you need to present some solid arguments and be able to justify them as well as present some good ideas about what *should* be done about the whole thing.
- ✓ You usually read this particular newspaper or magazine because you agree with their ethos, so you need to express disappointment in them.
- ✓ These expressions and rhetorical questions convey the appropriate tone of anger:
  - *no era atractivo en absoluto* = it was not at all beautiful
  - *¿es ese el mensaje que verdaderamente quiere comunicar?* = is that the message you really want to communicate?
  - *Deberíamos luchar contra la anorexia* = We should fight anorexia

Criteria C Message

Organisation:
The 1st paragraph states exactly why you are writing and how angry/annoyed/disappointed you are.
The 2nd paragraph examines why it is a problem.
The 3rd paragraph discusses whose responsibility you think it is.
The last paragraph suggests what should be done.

Range of relevant ideas:
The effect of the media and fashion on impressionable young girls; the psychological aspects of eating disorders; the description of the models.

Ready to have a go? Try this Paper 2 style question:

Recientemente ha leído varios artículos sobre algún tema del medio ambiente y no está de de acuerdo. Decide escribir una carta al director de dicho periódico presentando su opinión y proponiendo soluciones al problema.

Entrevista

Laura Esquivel: la mujer detrás de la escritora

Ahora que acaba de llegar a la pantalla la película de su obra más conocida, tuve la oportunidad de hablar con esta excepcional escritora sobre su propia historia, detrás de sus cuentos encantadores. Nos reunimos en la cafetería del cine del barrio de Coyoacán, y ella llegó puntual y sonriente.

LB: Entre todo este bombo publicitario, ¿qué le parece la adaptación cinematográfica de su obra Como Agua Para Chocolate?
LE: Pues, para mí fue un placer ver todas mis ideas y personajes a través de los ojos de otra persona. Por supuesto, todo es muy diferente de como yo lo imaginaba, pero me gustó mucho el resultado.

LB: Ese cuento está basado en sucesos de su propia familia, ¿no?
LE: Sí, claro. Todas mis obras contienen alguna historia de mi vida. ¡Es la fuente de mi inspiración!

LB: Y el personaje de Tita, está basado en una de sus parientes, pero ¿cuánto de su propia personalidad ha sido reflejado en el carácter de Tita?, por ejemplo, ¿tiene su determinación y su fuerza como mujer?
LE: No es una balsa de aceite, pero muchas de las emociones que siente Tita, yo en mí misma las he sentido, pero ¡ojalá _____ la misma fuerza y capacidad de recuperación de ella!

> **Todas mis obras contienen alguna historia de mi vida. ¡Es la fuente de mi inspiración!**

LB: Su libro, y además, la película están llenos de aspectos de la cultura mejicana. Ya que se celebran ahora las culturas variadas que tenemos en esta ciudad, sería interesante descubrir cuáles de las costumbres existen aún en Méjico hoy en día.
LE: Pues mucho cambió con la Revolución, pero muchas de las recetas y el gozar de la comida han sobrevivido. Es por eso que quería incluirlas en mi novela. Soy de la opinión de que la cocina de una región puede representar el alma de su cultura.

LB: ¡Qué bonito! ¿Cuál de sus recetas mejicanas es su preferida?
LE: Para mí, la receta mágica es la Codorniz en salsa de pétalos de rosa. Quería mostrar la intensa emoción que conlleva este plato para mí, así que me agrada que gracias a este plato que Tita y Pedro compartan las sensaciones más fuertes de su amor. Me encanta cómo se filmó esa escena en la película. Temía que Alfonso, mi marido [y el director], no _____ comunicar los sentidos del olfato y el gusto por medio del cine, pero al final, estoy encantada con su obra.

LB: Finalmente, su novela, como la obra de muchos escritores mejicanos, contiene elementos de realismo mágico. ¿Es esto una gran parte de la cultura mejicana, el uso de la imaginación y la conciencia de lo sobrenatural?
LE: No sé si sólo es mi familia o si toda la gente mejicana es así, pero mi niñez y también mi adolescencia estaban llenas de leyendas y mitos y cuentos que me contaba mi abuela. Cuando ella murió, no quería que esa parte de mi vida _____ , así que empecé a escribir y no tengo ganas de parar.

517 palabras   **Basado en un texto original de Lilli**

How to score highly on an interview

The communicative purpose is spoken interaction

Criteria A   Language
The vocab is related to BOOKS and CINEMA – find the words that mean:

screen _____   customs_____

film_____   soul_____

writer_____   scene_____

enchanting_____   sense of smell_____

production _____   imagination_____

character_____   legends_____

book_____   myths_____

culture_____   stories_____

There is much potential in dialogue to show spontaneity and different points of view. It is also possible to weave in those structures that take the subjunctive that can seem difficult to include:

Let's practise! → IMPERFECT SUBJUNCTIVE
- Ojalá (tener) _____ = If only I had
- Temía que Alfonso no (poder) _____ comunicar = I was afraid Alfonso wouldn't be able to get across
- No quería que esa parte de mi vida (desaparecer) _____ = I didn't want that part of my life to disappear

Criteria B   Cultural Interaction

✓ As it is a conversation, it is important to try and convey 2 different voices
✓ The tone is friendly
✓ The interviewer shows respect for the author by addressing her in the usted form. She doesn't actually call her 'usted', but uses the correct pronouns and verb endings eg:
   ¿qué le parece?, su novela, sus parientes
✓ The use of punctuation makes clear this is authentic dialogue, especially the question marks and exclamations
✓ In addition, 'fillers' indicate that the person is responding spontaneously: pues, no sé

> Essential elements for an interview include a title, an introduction and clearly differentiated questions and answers. The highlighted quote is a nice detail that shows attention to the layout in a magazine if the interview were actually published.

Criteria C   Message

Organisation
Each question deals with a different aspect, while following on logically from the previous answer. There is no repetition of ideas. Questions are stimulating, while the answers get to the point, without rambling. Each answer is of a similar length. The candidate doesn't run out of time, as the last question is clearly the end of the interview (finalmente) which is the equivalent of a conclusion.

Range of relevant ideas
Many students of IB Spanish will read Como Agua Para Chocolate and it is ideal material for Paper 2 questions that invite a creative response to literature. Of course, Laura Esquivel's answers are invented, but they are quite convincing if you have read the book. Ideas include: a comparison between the novel and film, a character description, a particular scene, a literary style (magical realism), Mexican culture and the writer's sources of inspiration (family & legends). Simply by mentioning the Revolution, she shows her cultural awareness, without having to go into details.

Ready to have a go? Try this Paper 2 style question:
Como parte de unas jornadas culturales que se están celebrando en su colegio, usted tiene la oportunidad de entrevistar a un deportista de habla hispana para la revista de su colegio.

Discurso de agradecimiento

¡Hola a todos! Profes, padres, compañeros, amigos, mamá... ¡Gracias!

Después de nueve años de entrenamiento, estoy aquí, hoy, delante de todos ustedes, agarrando la copa del primer premio en los campeonatos de este colegio. Algo que, hace nueve años, nunca habría pensado que fuera posible.

Cuando tenía nueve años, mi padre murió, y entonces no teníamos mucho dinero. Tuvimos que mudarnos de casa, y tuve que empezar un colegio nuevo. Cada día era una lucha pero mi madre se convirtió en la fuerza motivadora de mi vida.

Al principio en el colegio nuevo me costó hacer amigos y mi madre sugirió que me apuntara a los clubes de deporte: hockey, gimnasia, atletismo, ¡todo! Siempre había admirado a Kelly Holmes y me gustaba correr, pero siempre lo hacía sola.

Además, tenía unas zapatillas de correr muy básicas y me daban un poco de vergüenza. Pero cuando entré en el equipo escolar de atletismo, pude pedir becas y debo dar las gracias a Adidas que ha patrocinado mi ropa y calzado deportivo desde hace cinco años ya. Gracias a su generosidad me siento como una verdadera atleta.

Representar a este colegio en los concursos regionales ha sido un sueño para mí. El apoyo que recibo de los profes y la dedicación de los otros estudiantes, me inspira a querer mejorar todo lo que pueda.

Correr no es una disciplina fácil. Me afecta de muchas maneras. Cuando tengo que viajar lejos para competir echo de menos a mi familia. Mi rutina diaria es muy estricta. Tengo que madrugar para entrenar en la pista antes de las clases y continúo después de las clases hasta tarde. Mi dieta también es estricta. Tengo que comer mucha proteína y cuando es el cumpleaños de alguien no puedo permitirme probar el pastel.

Lo más difícil ha sido compaginar el deporte con mis estudios. No siempre he podido hacer mis deberes y suelo sacar peores notas de las que realmente podría sacar si tuviera más tiempo para estudiar. Cuando es época de exámenes, me siento mal por no poder estar en la biblioteca con todos, compartiendo apuntes y chistes.

Pero en ningún momento diría que no ha valido la pena.

Cuando veo a Kelly Holmes ganando medallas, me inspira y me anima y me da más confianza porque veo los niveles que podría alcanzar si pusiera toda mi determinación en correr.

Aunque haya competido fuera del colegio, los campeonatos escolares también son importantes porque es aquí donde empezó todo. ¡Y ustedes también lo pueden hacer!

Cuando gano una carrera y veo la mirada de orgullo en la cara de mi madre, me doy cuenta de que vale la pena. Ella ha sacrificado mucho por mí para que yo pudiera vivir mis sueños. Mamá, te quiero mucho y siempre estaré muy agradecida. Señorita López, compañeros del equipo, no lo podría haber hecho sin todos ustedes.

¡Gracias!

489 palabras   **Basado en un texto original de Chloë**

How to score highly on a speech of thanks

The communicative purpose is imaginative narrative & spoken language

Criteria A   Language

The vocab is related to SPORT and personal sacrifice - find the Spanish words for:

training _____	*competitions* _____
the cup _____	*team* _____
motivating force _____	*to get up very early* _____
to admire _____	*to miss* _____
I was embarrassed _____	*medals* _____
athlete _____	*determination* _____

For narrative to work, you need good control over past tenses, especially the preterite and imperfect. Why not highlight examples of each tense in different colours?

Let's practise! → more IMPERFECT SUBJUNCTIVE – find the sentences that mean:

I never would have thought it were possible

_____

My mother suggested that I sign up to sports clubs

_____

I tend to get worse grades than I really could if I had more time

_____

I see the levels I could reach if I put all my determination into running

_____

She's sacrificed a lot for me so that I could live my dreams

_____

Criteria B   Cultural Interaction

This kind of speech is similar in style to the diary entry and the short story, because of its narrative nature. It can also be quite sentimental, think the Oscars!
- ✓ Informal and intimate. Quite sentimental tone.
- ✓ It is appelative (when you appeal to the audience directly):
  ¡ustedes también lo pueden hacer! = you can do it too!
  ¡no lo podría haber hecho sin todos ustedes! = I couldn't have done it without you!
- ✓ The emotional charge is of rhetorical importance as it helps the audience feel moved by her story: *ha sido un sueño* = it's been a dream
  me inspira a ser la mejor que pueda = she inspires me to be the best I can
  no hay ni un momento en que diría que no ha valido la pena = there's not a single moment when I would say it hasn't been worth it.

> Start by addressing your audience. In a school context *hola* is appropriate. A simple *gracias* at the end is fine. Do leave spaces between your paragraphs for dramatic effect on the page.

Criteria C   Message

Organisation
There is clear progression in the story: humble beginnings, early successes, sacrifices, and an optimistic ending.

Range of relevant ideas
The sport chosen is running, her family background, people who have helped or inspired her, the sacrifices involved in achieving highly in sport, including the effect on friendships, diet and studies, and her ambitions.

Ready to have a go? Try these Paper 2 style question:

- Tu abuelo está celebrando sus 80 años y usted decide dar un discurso para celebrar todo lo que ha logrado en su vida y cómo le ha inspirado.
- Es el final del BI y ha habido momentos duros y momentos de alegría. En la fiesta del fin de curso, le han elegido dar el discurso de despedida.
- Se están celebrando unas jornadas dedicadas al arte en su instituto y usted ha sido responsable de la exposición. Para la fiesta de inauguración, ha invitado a dar un discurso a un artista que usted admira, vivo o muerto. Usted da la bienvenida al artista y luego él o ella hablará. Transcriba el texto de su introducción y del discurso del artista.

Discurso persuasivo

Ciudadanos, estudiantes, jóvenes, amigos... gracias a todos por estar aquí hoy.

Gracias por su apoyo durante estas Jornadas para la Paz. Me da mucha esperanza ver a tanta gente aquí.

La lucha contra los conflictos internacionales y la lucha por la paz es un tema que me apasiona. Como una persona joven con opiniones fuertes, pienso que puedo representar y apelar a los jóvenes para que ayuden a poner fin al conflicto en el mundo ya que ¡seremos nosotros los que tendremos que solucionar mañana los problemas que nos dejen los líderes de hoy!

El conflicto internacional no es nada nuevo, pero con la tecnología que sigue mejorando día a día, es posible hacer más daño, provocar más sufrimiento y causar más muertes inocentes. ¿Qué podemos hacer? Es una pregunta que los políticos discuten todos los días. He aquí la respuesta: nosotros también podemos usar la tecnología para lograr la paz. Hemos crecido con Internet y hemos experimentado su poder e influencia. ¿Por qué no lo utilizamos como catalizador de la paz? Hagan peticiones al gobierno, recojan firmas, apoyen campañas de paz, escriban a los ministros, trabajen para ONGs.

Los ataques terroristas ocurren con más frecuencia y cada vez tienen más impacto en la vida humana, sobre todo en la vida de los civiles. Muchos países están bajo el riesgo contínuo de atentados suicidas y coches bomba. Hombres, mujeres, niños. Todos están en peligro. De hecho, en lugares por todo el Medio Oriente niños menores de diez años llevan armas. Como joven, lo encuentro chocante. Es difícil imaginar el sufrimiento y el miedo que los jóvenes en países como Irak o Afganistán pasan todos los días.

Como jóvenes, nos hallamos en una posición muy afortunada, una posición que debemos utilizar bien. En mi opinión, no podemos terminar los conflictos con una guerra. Esto es sencillamente hipócrita.

Es imperioso que hagamos algo para terminar con el odio que causa el terrorismo.

Si pudiéramos terminar con el odio, podríamos conseguir un poco de control sobre los terroristas.

Si todos aportáramos nuestro granito de arena seríamos más poderosos que un millón de ejércitos.

Todo el mundo está fijando los ojos en las acciones de nuestra generación.

¡No hay límites de lo que podemos hacer para que nuestros hijos y nietos crezcan en un mundo de paz!

Gracias.

383 palabras   **Basado en textos originales de Tessa y Lilli**

How to score highly on a persuasive speech

The communicative purpose is controversial argument

Criteria A   Language

The vocab is related to CONFLICT and PEACE – find the Spanish words for:

citizens _____   suffering_____

hope_____   politicians_____

peace_____   power _____

the fight against/for _____   campaigns _____

I feel passionate about _____   NGOs _____

to appeal to _____   civilians _____

to solve_____   the Middle East _____

leaders_____   weapons _____

damage _____   hypocritical_____

Highlight in the text and then translate into English:

2 examples of   "para que + presente del subjuntivo"
1) _____   2) _____

1 example of   "es + adjetivo + que + presente del subjuntivo"
1) _____

2 examples of   "si + imperfecto del subjuntivo + condicional"
1) _____   2) _____

Criteria B   Cultural Interaction

Speeches may all look similar, but this is where you need to be clear about your communicative purpose. For example, the tone of a persuasive speech is more similar to that of a controversial essay, but with structural and rhetorical features that make it a convincing spoken text.

✓ The language is formal and the tone is powerful, with a sense of urgency. Grandiose sentences are employed to present grandiose ideas.
✓ It is essential to address your audience and state clearly why you are all gathered. By mentioning the presence of adults in the audience, you can use the *usted* form to address your audience, which is a bit easier than *vosotros*.
✓ If you've ever focused on politicians' speeches, you'll notice they are full of powerful statements followed by **pauses**. This gives the audience time to process what is being said. Convey this on exam paper by leaving lines between your sentences.
✓ Finish with a concluding statement and *gracias*.
✓ Language is used to persuade the audience to unite. Therefore, speak not just for yourself but use *nosotros* to implicate all young people (and everyone in the audience): *seremos nosotros* (it will be us), *nos hallamos en* (we find ourselves in).
✓ Use imperatives as these are words of action: *busquen (find)*, *firmen (sign)*, *apoyen (support)*, *escriban (write)*, *trabajen (work)*
✓ **Repetition of 3 for emphasis: 3 infinitives: *hacer...provocar...causar...***

Criteria C   Message

Organisation

- A clear beginning which addresses the audience.
- Distinct paragraphs and statements.
- A series of motivating declarations that get increasingly emotive.

Range of ideas

An idea that stands out is how technology makes warfare more deadly, but that it can also be harnessed for the pursuit of peace. As the question had referred to the role of young people, the author makes constant reference to young people: that it's other young people suffering, that young people have the answers that politicians don't – this all creates empathy with the audience and a sense of possibility. Avoid total generalisations, include concrete examples, make concrete suggestions.

<u>Ready to have a go? Try this Paper 2 style question:</u>

Se van a celebrar una jornadas para la igualdad de oportunidades entre hombres y mujeres en su instituto. Redacte el texto del discurso que dará en la inauguración de dichas jornadas.

Conferencia

Buenos días a todos, compañeros y profesores.

Gracias por asistir a esta conferencia que hemos convocado aquí en el instituto para apoyar a las jornadas contra la intolerancia que se están celebrando en nuestra ciudad.

Si me permiten, voy a introducir el tema brevemente y luego habrá oportunidad de abrir la discusión a sus preguntas; a las que intentaré responder con la ayuda de mis colegas Ayesha y Mateo.

Bueno, como ya lo saben, la intolerancia racial es uno de los temas más polémicos de nuestros días. Pero también es algo que nos afecta de cerca y entonces **es importante que** (a)_____ de ello. Creo que todos hemos visto las noticias recientes de la actitud de algunos ciudadanos frente a los inmigrantes que llegan a nuestra ciudad, pero tengo la firme convicción de que se trata sólo de la voz de una minoría.

Cada día, cientos de personas vienen a España – legalmente o no – en busca de una nueva vida. Sus razones son varias y múltiples: problemas políticos, económicos, o personales en sus países de origen – o quizás ninguna de éstas. Pero todos tienen el mismo objetivo: rehacer su vida y mejorarla. En fin, no importa por qué vienen; somos anfitriones y debemos actuar como tales.

En nuestro colegio **es una suerte que** (b)_____ tal diversidad étnica de estudiantes y profesores. En cada clase hay por lo menos doce nacionalidades, ya sea marroquí, italiano, americano, francés o coreano, sólo por mencionar algunos. Yo creo que todos se sienten integrados y, **que yo** (c)_____, no sufren racismo o discriminación ni dentro ni fuera del instituto.

Pero no es lo mismo para otros, para los que llegan a nuestra ciudad sin nada y sin nadie. Y no todos hablan español. Para los sudamericanos la barerra de lengua no es tan fuerte, además la cultura es parecida. Si puedes comunicarte en el mismo idioma, la experiencia demuestra que la gente tiene más confianza como para relacionarse contigo. Pero para los otros...

No hay ninguna razón para la intolerancia que hemos visto recientemente hacia los inmigrantes. ¡**Es un mito que** los extranjeros nos (d)_____ nuestros trabajos! De hecho, o hacen los trabajos que los españoles no quieren hacer o ya tienen estudios superiores y aportan muchísimo a la ciudad. Esta gente tiene la valentía de enfrentarse a la discriminación racial. Nosotros deberíamos tener la valentía de luchar contra el racismo.

Espero que estas jornadas que estamos celebrando en nuestra ciudad se (e)_____ cada año y **propongo que** (f)_____ lo mismo en el instituto, para fomentar la tolerancia y la integración, y concienciarnos de los beneficios del multiculturalismo en nuestro colegio y en nuestra ciudad.

Bueno, gracias por su atención. Vamos a abrir la discusión a sus preguntas y comentarios.

---

455 palabras   **Basado en un texto original de Alice A**

How to score highly on a conference speech

The communicative purpose is controversial argument

Criteria A   Language

The vocab is related to IMMIGRATION – find the Spanish words for:

support _____   *racism* _____
racial intolerance _____   *discrimination* _____
controversial _____   *barrier* _____
minority _____   *immigrants* _____
legally _____   *courage* _____
to start afresh _____   *to confront* _____
hosts _____   *encourage/promote* _____
ethnic diversity _____   *raise awareness* _____
integrated _____   *multiculturalism* _____

Let's practise! → PRESENT SUBJUNCTIVE – fill in the gaps with the appropriate form:

a) **hablar** – nosotros   d) **quitar** – ellos
b) **tener** – nosotros   e) **repetirse** – ellos
c) **saber** – yo (*The phrase means "as far as I know"*)   f) **hacer** – nosotros

Criteria B   Cultural Interaction

A conference speech is similar to a normal persuasive speech and might deal with a similar topic. However, imagine that, instead of standing at a podium adressing a huge crowd, you are seated at a table, like at a press conference, and your job is to introduce the topic, and possibly the other speakers, and then open up the discussion to questions and debate. Therefore, this type of speech should be argumentative and persuasive, but more formal, and less grandiose than on the previous page. It is likely you will also need to propose solutions that are realistic within the context.

✓ The tone and register are formal and respectful.
✓ The speaker appeals directly to the audience (use *ustedes* if teachers or other adults are present)
   eg: **si me permiten** = *if you'll allow me*   **como ya lo saben** = *as you already know*
✓ The speaker uses the nosotros form to implicate the audience and create a sense of unity
   eg: **nos afecta** = *it affects us*   **todos hemos visto** = *we have all seen*

> **What are Jornadas?** → Jornadas are days dedicated to raising awareness of an issue, like Black History Month or AIDS Awareness Day. If the question mentions that you are "*celebrando unas jornadas en tu instituto*" then imagine a week of events such as exhibitions, film screenings, fundraising events and guest speakers, all with the purpose of raising awareness of an issue. Do try to make reference to this context in your answer.

Criteria C   Message

Organisation:

Introduction – set the context, state clearly why everyone is gathered here.
Paragraphs – each paragraph deals with a distinct idea.
Conclusion – thank the audience for listening and open up the discussion to questions.

Range of relevant ideas:

Recent troubles in the city of intolerance towards immigrants; some reasons for immigration; racial diversity within the school as something positive; those for whom it is difficult to integrate; why intolerance is wrong; proposals.

Ready to have a go? Try this Paper 2 style question:

Las autoridades locales han organizado una conferencia pública con el fin de conocer la opinión sobre una nueva planta de energía alternativa en su barrio. Escriba el texto de la conferencia que va a dar en nombre de los jóvenes.

Artículo para la revista del colegio

¿Leer o no leer? ¡Ésa no debe ser la cuestión!

por Harriet Rubenstein

Acabo de leer en una revista muy conocida entre nuestros estudiantes algo con que no estoy de acuerdo: "leer es una pérdida de tiempo". Espero que nadie en este instituto se sienta así pero por si acaso, intentaré explicar por qué esa declaración está muy lejos de la verdad.

Si me preguntaran: "¿leer un libro o ver la tele?" siempre diría "leer". Pero debo admitir que no siempre era así, antes me costaba mucho la literatura. Me aburría y me distraía fácilmente. Terminar una novela era un gran desafío para mí. Solamente leía para el cole y nunca por placer. Cuando tenía 11 años, recibí como regalo un libro que cambió mi actitud: La cabina de peaje fantasma de Norton Juster. Se trata de un chico que recibe una cabina de peaje fantasma y que vive aventuras maravillosas con personajes extraños para salvar a dos princesas. Cuando descubrí esta pequeña novela, supe que había libros que podían divertirme.

Un estudio reciente de este instituto revela que el cien por cien ha leído un libro que no le ha gustado. Es decir, es completamente normal comenzar a leer algo y ni siquiera terminar el primer capítulo. No te sientas mal si te pasa a ti, tampoco si no te gustan los mismos cuentos que a tus amigos. Cada persona tiene su propio gusto. Por otra parte, el mismo estudio afirma que sólo el diez por cien no ha leído ningún libro que haya encontrado memorable, influyente y hasta curativo. Resulta que los libros más leídos son de la serie Harry Potter y los alumnos dicen que es porque pueden escaparse a un mundo ficticio donde pueden imaginar que tienen poderes especiales.

La idea de que leer es curativo no es nada nuevo. Hay pacientes de depresión o víctimas de abuso, que forman parte de grupos de lectura promovidos por los médicos y psicólogos. Compartir historias con amigos es una manera de provocar conversación sobre temas difíciles. Los pacientes pueden identificarse con personajes que tengan condiciones similares y cuando se trata de un personaje ficticio, se puede hablar más abiertamente, sin vergüenza y sin tabúes. Es una manera liberadora de expresar tus ideas sin sentir que arriesgas tu propia intimidad. Para mí, uno de los mejores libros sobre el tema de leer en grupo es *Lolita en Teherán* escrito por Azir Nafisi. Si lo leyeras, jamás volverías a dudar del poder de la lectura.

Bueno, ahora os pregunto, ¿leer o no leer?

421 palabras   **Basado en un texto original de Harriet**

How to score highly on a school magazine article

The communicative purpose is argumentative (persuasive) explanation

Criteria A   Language

The vocab is related to READING – find the words that mean:

waste of time _____   *to escape* _____

I used to find it hard _____   *influential* _____

I'd get bored _____   *special powers* _____

I'd get distracted _____   *reading groups* _____

for pleasure _____   *fictional character* _____

my attitude _____   *without embarassment* _____

it's about _____   *taboos* _____

taste _____   *liberating* _____

Let's practise! → SUBJUNCTIVE structures – highlight these sentences in the text:

1) **Si + imperfect subjunctive + conditional**
- If I were asked... I would say...
- If you read it, you'd never again doubt...

2) **Indefinite antecedent. This is when you are talking about something hypothetical, eg: the "book" and the "characters" in these sentences are *indefinite*, they are *possible*, but *not specific*.**
- only 10% have not read a book that they have found memorable
- identify with characters that have similar conditions

Criteria B   Cultural Interaction

✓ The register is *quite* formal, but not *too* formal as it is for a school article and young readers.
✓ It is common in this type of article to begin with personal experience before moving on to a broader, more reflective look at society.
✓ Cohesive devices include: ***es decir*** (in other words) ***resulta que*** (it turns out that)

> **Essential features of an article include:**
> a **title** and name of author
> an introductory paragraph
> a concluding sentence that takes you back to the beginning

Criteria C   Message

Organisation and range of relevant ideas:

Title → the title plays on Shakespeare's quote "To be or not to be, that is the question!" but she says "To read or not to read, that shouldn't be the question!"

Introduction → her inspiration for writing the article.

1st paragraph → she empathises with a reluctant audience by explaining how she too didn't like reading until she discovered a book she liked.

2nd paragraph → she outlines the relevance of reading within the school context and how it's ok not to finish books you don't like, which is reassuring.

3rd paragraph → she develops the topic by talking about the transcendental and curative power of books and of reading groups.

Conclusion → a short sentence which neatly takes you back to the beginning, and assumes that after reading the article you'll have changed your mind.

Ready to have a go? Try this Paper 2 style question:

Los jóvenes siempre están luchando contra la disciplina y las normas de la familia. Escriba un artículo para la revista de su instituto examinando la necesidad de las normas en la familia hoy en día y proponiendo ideas para mejorar las relaciones entre toda la familia.

Artículo de opinión

¿<u>Conmemoraciones</u>?

Ya es hora de cambiar la manera en que recordamos a las víctimas del 11-S

Ricardo González - 11/09/09

Hoy es el aniversario de un día que todo el mundo recuerda. Todos hemos intentado imaginar las sensaciones vividas por las víctimas del once de septiembre del 2001 cuando dos aviones chocaron contra las Torres Gemelas en Nueva York. Hoy hemos observado un minuto de silencio en memoria de todos los que murieron aquel día y sentimos compasión por la gente que perdió a sus seres queridos.

Sin embargo, los acontecimientos de hoy, en mi opinión, deberían llevar un mensaje diferente. Ocho años después de los atentados terroristas solamente el 30% de los estadounidenses piensa que existe la posibilidad de que se repitan y los demás siguen sintiéndose seguros viviendo en tierra americana. Mientras hacen la vista gorda, sigue la guerra en Irak y dudo que los iraquíes se sientan seguros hasta que haya una tregua.

Si fuera mi decisión cambiaría el propósito del minuto de silencio del 11-S, recordaría que han pasado ocho años desde que los americanos declararon la guerra y que todavía sigue dicha guerra; ocho años desde que los americanos la nombraron 'la guerra contra el terror'; ocho años desde que los británicos nos unimos a ellos.

No pasa ningún día en que no haya un titular que hable de más víctimas mortales, soldados, insurgentes, ciudadanos. En el minuto de silencio también debemos pensar en la gente inocente que muere a diario, algo convenientemente disfrazado por el eufemismo de 'daño colateral'. Quiero gritar ¡basta! Ya es hora de terminar con la guerra.

Cuando entramos en Irak, arrastrando a nuestros países aliados, ignoramos las diferencias culturales en ese país, pensamos que podríamos solucionar los problemas con soldados y armas, juramos que instauraríamos la democracia. Hoy es evidente que esas ideas fueron una simplificación vergonzosa y que las dificultades son más profundas y están muy arraigadas. Hemos sustituido un gobierno corrupto con inestabilidad y caos. Nuestros ejércitos no pueden conseguir lo imposible, no pueden unir a una población que no quiere estar unida. La tasa de muertos sigue aumentando, nuestros líderes no están dispuestos a retirar las tropas, el mundo necesita una tregua.

No puedo creer que nuestros gobiernos estén malgastando tantos billones de dólares mientras hay causas que merecen más el dinero. Hoy en día hay gente sin casa a causa de desastres naturales, huérfanos hambrientos en el tercer mundo, millones padeciendo de SIDA. No digo que abandonemos a los iraquíes, sino que busquemos una manera de retirar las tropas cuanto antes. Lo mejor sería que abandonáramos el país y dejáramos el problema en manos de los soldados de paz de la ONU.

En conclusión, si queremos conmemorar a la gente que perdió la vida hace ocho años debemos hacer algo radical: terminar la guerra. Y eso sería algo que merecería un minuto de silencio.

---

478 palabras   **Basado en un texto original de Chloë**

How to score highly with an editorial

The communicative purpose is controversial argument

Criteria A   Language

The vocab is related to INTERNATIONAL POLITICS – find the words that mean:

*victims*_____   *democracy*_____

*the Twin Towers*_____   *deep-rooted*_____

*New York*_____   *instability*_____

*loved ones*_____   *chaos*_____

events _____   *armies* _____

terrorist attacks _____   *rate* _____

*Americans*_____   *leaders*_____

*war*_____   *withdraw the troops*_____

*cease-fire*_____   *governments*_____

*purpose*_____   *AIDS*_____

*headline*_____   *the UN*_____

Let's practise! → **PRESENT SUBJUNCTIVE – highlight the sentences that mean:**

- The possibility of it happening again
- I doubt the Iraqis feel safe
- Not a day passes in which there isn't

- I can't believe our governments are wasting
- I'm not saying we should give up on...
  ...but instead find...

Criteria B   Cultural Interaction

Editorials are **subjective** because they present the **opinion** of the writer or newspaper as opposed to news articles which present the facts. This article, against the war in Iraq, demonstrates that the examiners are **not** interested in your political ideas, they are **only** looking at your ability to structure an argument, to choose the appropriate register and style, and to use a variety of vocabulary and grammatical structures. In addition, these articles are meant to be **controversial**, which means people will strongly agree or disagree with your stance, so don't be shy and aim to shock!

✓ Articles for publication in a newspaper must be formal.
✓ The use of the 1st person plural (**nosotros** form) implicates the reader in the argument and makes the issue everyone's responsibility.

> **Rhetorical device: repetition of 3 to emphasize your point**
> the repetition can be 3 verbs in the same conjugation eg:
> → ***ignoramos... pensamos...juramos***
> or the same first few words of a sentence repeated 3 times eg:
> → ***ocho años desde que...   ocho años desde que...   ocho años desde que...***
> or the repetition can simply be the choice of 3 similar nouns eg:
> → ***soldados, insurgentes, ciudadanos***

Criteria C   Message

Organisation

Title, summarising subtitle, author's name and date, introduction, paragraphs outlining arguments and issues, possible solutions, conclusions, and cohesive devices are all essential features. This type of article tends to have a concluding line that takes you back to the orginal starting point, in this case, the minute of silence.

Range of relevant ideas

Difficult to stick to 400 words on this topic, you have to be selective. Reference to 9/11 in the Spanish format (11-S) shows good cultural awareness. It's ok to invent statistics in the exam.

Ready to have a go? Try this Paper 2 style question:_____

Questions of this type would never refer to a specific event or issue, but will be open enough for you to interpret according to whatever is in the news or of interest to you.

Usted está siguiendo algún conflicto internacional pero le parece que no le están dando suficiente atención en los medios. Decide escribir un artículo de opinión sobre dicho conflicto para el periódico local de su ciudad.

Ensayo / Redacción por y contra

Los jóvenes y las drogas, ¿quién tiene la responsabilidad?

Hoy es un hecho bien sabido que el número de adolescentes que consume drogas está aumentando y uno de los temas que más preocupa a la opinión pública es el efecto de las drogas y sus indudables peligros. Otro tema que se ha planteado reiteradamente es el papel que juegan los padres en el asunto. Muchos padres hoy en día no se dan cuenta de que sus hijos experimentan con drogas, o se niegan a hablar con ellos del asunto, negándoles información importante para que tomen decisiones responsables.

En primer lugar conviene examinar si los padres protegen a sus hijos lo suficiente de las drogas. Es verdad que los jóvenes consumen drogas pero a veces se les critica demasiado. Según algunos estudios, no es sólo la culpa de los jóvenes. Los padres y las escuelas tienen la responsabilidad de explicar los efectos y las consecuencias de tomar drogas. Es extremadamente fácil para los adolescentes hacer un botellón, conocer un camello y conseguir algo más fuerte. Quizás hace 30 años era más difícil tener conexiones y el narcotráfico no afectaba a tantos sectores de la población. Pero hay adultos que siguen creyendo que la drogadicción es algo que pasa a otros – a la amiga del hijo, o al amigo de la amiga – nunca a su propio hijo. Como consecuencia, es difícil tener un debate honesto.

Pasemos ahora a considerar otro aspecto del tema que nos ocupa. ¿Son los jóvenes más ingenuos que antes? A pesar de toda la información disponible, parece que su percepción de los riesgos no es buena y siguen sufriendo mucho por la presión de su grupo de amigos. A corto plazo puede que piensen que es algo chulo que hacer pero no se dan cuenta de que a largo plazo es muy dañino, sobre todo si se saltan demasiado los límites. Se conoce bien el camino resbaloso: los chavales empiezan con un cigarro, una cerveza, luego marihuana, y es entonces cuando aumenta el riesgo de que prueben la cocaína o el éxtasis. A pesar de todo, los adultos piensan que el problema es mayor de lo que realmente es. Es comprensible que digan que todos los jóvenes toman drogas, pero en realidad, no es así. Hay muchos jóvenes que toman decisiones sensatas y responsables.

Por mucho que se complique el debate, no se puede negar que el consumo de drogas entre los adolescentes es un problema grave. Aunque el gobierno intente combatir el problema, es improbable que lo vaya a erradicar, ya que el presupuesto es demasiado pequeño. Aún así, debería ser una prioridad. Las consecuencias de la drogodependencia son catastróficas tanto para el individuo como para la sociedad. Es imprescindible que los padres se impliquen más. Hay que evitar dar mala fama a todos los jóvenes pero los jóvenes también tienen que estar dispuestos a proponer soluciones.

475 palabras   **Basado en un texto original de Jess**

How to score highly with a balanced / discursive essay

The communicative purpose is balanced argument

More relevant for HL

Criteria A   Language

The vocab is related to YOUNG PEOPLE and DRUGS – find the Spanish words for:

fact _____   available_____

is increasing _____   risks _____

dangers_____   peer pressure_____

they don't realise_____   cool _____

they refuse to_____   young people/kid_____

fault_____   sensible_____

to binge drink _____   a serious problem_____

drug dealer_____   budget_____

drug trafficking _____   give a bad reputation _____

naive_____   to be prepared to _____

Criteria B   Cultural Interaction

✓   The register is formal and the style discursive.
✓   The arguments don't need to be ground breakingly insightful, just organised and reasoned.

> **How to structure a basic essay:**
> **Title**   – the question may tell you what title to use
> **Introduction** – this sets out the parameters of the essay
> **Thesis**   – one side to the argument
> **Antithesis**   – second argument (possibly opposing)
> **Synthesis**   – (Conclusion) draw together a clear answer to the title
>   or leave the question open

The examiners will be looking for <u>structural elements</u> & <u>cohesive devices</u>:

• In the example essay, underline/highlight the beginning formulae of each paragraph as this demonstrates structure

• Then underline/highlight cohesive devices either at the beginning of sentences or in the middle, as these help the argument to flow coherently eg:
Como consecuencia / A pesar de todo / pero en realidad / tanto...como...

Criteria C   Message

Organisation and range of ideas – this essay follows the structure outlined above:

<u>Title</u>   – the title was given in the question
<u>Introduction</u> – an outline of how serious the problem is; the role of parents is questionned
<u>Thesis</u>   – the argument is that parents don't realise how easy it is for their kids to get hold of drugs and don't engage in serious debate, which is unhelpful
<u>Antithesis</u>   – the argument is that young people need to take more responsibility as all the information is readily available. However, most young people are sensible and don't deserve a bad reputation
<u>Conclusion</u>   – the conclusion is that the consequences of drug addiction are terrible for society as well as the individual. Therefore, the government needs to invest more money in the issue and parents and young people need to take more responsibility.

<u>Ready to have a go? Try this Paper 2 style question:</u>

Usted tiene que escribir una redacción para la clase de español sobre el tema: "Los avances tecnológicos: ¿buenos o malos para el medio ambiente?"

Informe

De: **El comité estudiantil**
A: **Todos los estudiantes**
Fecha: 14/10/09
Asunto: **La inquietante disminución de interés por las actividades extra-escolares**

Me dirijo a todos los estudiantes en nombre del comité estudiantil. Como los representantes del comité de cada clase deben saber, recientemente en las reuniones hemos estado discutiendo el tema del creciente desinterés por las actividades extra-escolares. Esta tendencia preocupante es un problema importante para mantener el sentido de comunidad en la escuela.

A la luz de esta tendencia aparente, el comité ha realizado una encuesta para investigar el problema. Los resultados de la investigación muestran que los estudiantes menor__ son los que más se interesan por una variedad de actividades (85%) pero que no tienen tiempo porque tienen demasiad__ deberes. Los estudiantes mayor__ son los que menos se interesan en las actividades ofrecid__ y es probable que **(1)**___ _____ demasiado estresad__ por los exámenes y prefieran tener una vida social en su tiempo libre que hacer actividades organizad__. Las estadísticas de la investigación muestran que solamente un 30% de los estudiantes mayor__ de 16 años hace alguna actividad extra-escolar cada semana y parece que est_ porcentaje disminuye cada año.

En la opinión de todos los miembros del comité que tenemos que hacer algo para cambiar este ritmo. Las actividades extra-escolar__ son muy importantes para la comunidad del instituto. Permiten a los estudiantes hacer amigos y conocer a alumnos de otras clases y de otr__ edades. Enseñan destrezas sociales como el trabajo en equipo. También ayudan a desconectar del trabajo y a relajarse. Por este motivo, el comité quiere animar a los estudiantes a probar actividades nuev__. Creemos que ya existe una gran variedad de actividades, desde un club de ajedrez, a clubs de deporte y un club de cine.

Pero podríamos hacer más. En primer lugar, pedimos que los profesores nos **(2)**_____ menos deberes para que **(3)**_____ tiempo de participar en actividades. En segundo lugar, proponemos establecer nuevos clubs para apelar a todos los gustos. Para poder conseguir esto, necesitamos vuestra ayuda. Si tienes ideas que podrían interesar a una gran proporción de estudiantes, envía un correo electrónico al comité con tus ideas. También si te interesa organizar un club, envía un mensaje.

Fomentar un buen ambiente en el instituto es responsabilidad de todos y por eso esperamos que **(4)**___ _____ a proponer ideas y a contribuir de una manera positiva.

Tessa Dreyfus

394 palabras   **Basado en un texto original de Tessa**

How to score highly with a report

The communicative purpose is objective explanation

Criteria A   Language

The vocab is related to EXTRA CURRICULAR ACTIVITIES and SURVEY RESULTS – find the Spanish words for:

Student council_____   statistics _____
meetings_____   social skills _____
growing disinterest_____   team work _____
worrying a)_____   to encourage _____
        b)_____   to provide _____
sense of community _____   to foment _____
a survey _____   a good atmosphere _____

Let's practise! → Present subjunctive – fill in the blanks in the text:

1) sentirse (ellos) _____   3) tener (nosotros)   _____
2) dar (ellos)   _____   4) animarse (vosotros) _____

Let's practise! → Adjectival endings – fill in the blanks in paragraphs 2 and 3

Criteria B   Cultural Interaction

This type of question appeals to many aspects of the IB Learner Profile, like being community spirited, taking the initiative and taking responsibility. In the question, there is usually some issue or problem and the students are asked to come up with solutions. You might have been elected spokesperson to deliver the results and proposals. Your proposals don't have to be amazingly original, but realistic and well expressed.

✓ The register is formal and objective, but easily understandable by all students.
✓ Note that the heading is a bit like a Memo and this works well to identify the text as a 'report'.
✓ The author appeals directly to the students using *tú* and *vosotros* forms. She identifies with the majority of students by using the *nosotros* form.
✓ The author starts with a formal introduction:
   Me dirijo a los estudiantes en nombre de... = I am addressing all students on behalf of...

Criteria C   Message

Organisation:
The first paragraph outlines the point of the text. Each paragraph deals with a separate idea. There is a clear conclusion.

Range of relevant ideas:
The student council and class reps, the survey, the results, the main reason for lack of participation being too much homework, the benefits of extra-curricular activities, the types of activities already on offer. The proposals are simple but realistic: teachers should set less homework, and everyone should get involved in proposing new ideas. Asking for email contributions is an effective detail.

Ready to have a go? Try this Paper 2 style question:

Últimamente ha habido muchas quejas en su instituto por la falta de instalaciones deportivas. Como portavoz del comité estudiantil, escriba un informe para los directores del instituto explicando el problema y proponiendo soluciones.

Crítica de cine

Orgullo y Prejuicio

Dirección: Joe Wright
Género: Drama / Romántico
Reparto: Keira Knightley, Matthew MacFayden, Donald Sutherland, Judi Dench
Guión: Deborah Moggach (basado en la novela de Jane Austen)
Calificación: ☆ ☆ ☆ ☆

"Es una verdad universalmente reconocida que un director que quiere hacer una película de uno de los libros más conocidos de la historia, ¡tiene que estar loco!" Este pensamiento fue lo primero que se me ocurrió cuando me enteré de que tenía que hacer una reseña de esta película de Joe Wright. Dudaba que fuera una obra maestra, pero me equivoqué. Como mis lectores saben, cuando escribo una crítica en ¡Cine Ahora! pongo en duda si un libro está bien adaptado al cine. Esta adaptación de *Orgullo y Prejuicio* proporciona al público una bonita experiencia del mundo de Jane Austen.

Se trata de la historia de una familia de cinco hermanas que desean casarse y la trama es apasionada y romántica, ¡seguramente más de interés para las chicas! En particular, seguimos la historia de Elizabeth Bennet, una mujer virtuosa y aguda que intenta resistirse al Señor Darcy, un hombre rico al que no puede aguantar a causa de su arrogancia y orgullo. La química está traducida majestralmente a la pantalla por Kiera Knightley y Matthew MacFayden, los dos protagonistas. Me alegra que los dos actores **(1)**_____ _____captar la esencia de sus personajes mientras el director muestra su talento con la tensión que sigue de escenas como en el salón de baile. La elección de Tom Hollander en el papel del Señor Collins fue una elección cómica ya que su interpretación y la manera en que se interesa por todo lo que hacen los demás, me hizo reír mucho. El vestuario era muy de la época y si no hubiera usado una banda sonora tan acertada, las emociones no habrían sido tan intensas.

Con respecto a esta adaptación, me parece bien que Joe Wright **(2)**_____ _____ la historia de esta manera. Ha conservado el argumento principal y ha conseguido condensar la novela sin que **(3)** _____ _____ el carácter. Las escenas como 'el rechazo de Elizabeth' fueron filmadas mientras llovía (una técnica muy 'Hollywood') y yo sé que es difícil creer que **(4)** _____ _____funcionar pero es verdad. Existe la posibilidad de que algunos digan que es un cliché, sin embargo pienso que es una técnica que subraya la importancia del momento.

Si tuviera que criticar la adpatación diría que el desenlace es muy precipitado: para tener más éxito, se tendría que alargar el momento en que Elizabeth se queda mirando a Pemberly. La película en conjunto es una de las mejores en toda la obra de este joven director. Me sorprendería que no consiguiera un Óscar por esta adaptación del cuento más romántico de la literatura inglesa.

458 palabras   **Texto original de Cheryl**

How to score highly with a film review

The communicative purpose is analysis and critique

Criteria A   Language

The vocab is related to CINEMA – find the Spanish words that mean:

genre _____   screen _____

script _____   characters _____

film _____   scene _____

provides the audience _____   costumes _____

it's about _____   soundtrack _____

plot _____   ending _____

                                             prize _____

Let's practise! → PERFECT SUBJUNCTIVE - fill in the blanks with the correct form of the verb:

1) poder (ellos) _____   3) perder (él) _____

2) adaptar (él) _____   4) poder (él) _____

Criteria B   Cultural Interaction

✓ The register is formal, sentences are well constructed and it sounds quite professional.
✓ The tone has elements of humour, while occasional exclamations are appropriate for a romance.
✓ A similar style can be used for a book review.
✓ The text is predominantly opinion.
✓ Either inspire people to watch the film or warn them not to bother.
✓ Don't give away the ending!

> The title, all the details about the film (director, actors, script), and the star rating all ensure that this text *looks* like a film review. The introduction establishes who the writer is and what publication she is reviewing the film for. The author engages clearly with her readers in the simple phrase: ***Como mis lectores saben***, which implies that she has a dedicated following for her film reviews and establishes trust in new readers.

The use of **COHESIVE DEVICES** is essential in order to link ideas and make the text flow well:

como, en particular, mientras, ya que, con respecto a, de hecho

Criteria C   Message

Organisation:
Very well organised with an introduction, clear paragraphs and a conclusion.

Range of relevant ideas:
She contrasts her expectations before seeing the film and how she changes her mind afterwards. She talks about the storyline, the main characters, particular scenes, the wardrobe and soundtrack. She doesn't need to explicitly say '*I recommend this film*' as her recommendation is implicit in saying that she would be surprised if it didn't win an Oscar.

Ready to have a go? Try these Paper 2 style questions:

• Algunas películas nunca se olvidan. Escribe una crítica para la revista de su instituto de una película que haya visto y que haya servido para cambiar sus perspectivas.

• A veces la versión cinematográfica de una novela es completamente diferente a como usted se lo había imaginado cuando leyó el libro. Escribe una crítica para una revista de cine describiendo las diferencias entre el libro y la película y explicando qué versión prefiere y por qué.

General comments about Paper 2 – final tips

You should now have a very clear idea about how to tackle all the different types of texts in Paper 2. Remember that all the information in this chapter is applicable to the **Written Response in Paper 1**, except that you are expected to write a lot less.

1) **During the 5 minutes reading time, read all the questions carefully and ask yourself:**

   1. What type of text is it? → *and do I know the correct format?*
   2. Who is the reader/audience and who am I? → *what is the register?*
   3. What is the topic? → *and do I have some good vocab for it?*
   4. What is the communicative purpose? → *what is the point of writing?*

2) **Once you've decided on your question, sketch out a very quick plan:**

   - Title / Heading / Greeting
     - Introduction
       - Paragraphs
         - Conclusion / Salutation

3) **Respect the format and linguistic tools attached to each type of text.**

4) **Structure your work: use paragraphs and cohesive devices.**

5) **Have in your mind a Language Checklist:**

   - Indicative tenses – *preterite/imperfect/future/conditional etc*
   - Subjunctive tenses – *present/imperfect/perfect/pluperfect*
   - Adjectival agreements – *masculine/feminine/singular/plural*
   - Ser / estar / haber
   - Por / para
   - Pronouns

6) **Timing and word count:**

   ✓ Make sure you write at least 250 words (SL) or 400 words (HL) but don't write too much!
   ✓ Know your own handwriting so you don't need to spend valuable minutes counting words. Do your homework assignments by hand rather than on the computer to get used to how many words per page you tend to write.
   ✓ Practise timed questions.
   ✓ In the exam, leave at least 5 minutes for checking your work.
   ✓ Write on alternate lines so that if you go back and make corrections or changes, your work does not become messy and illegible.
   ✓ Only use black or blue ink.

Chapter 3   The oral (Internal assessment)

The oral component of the course is worth 30% of your overall grade so it is just as important as reading comprehensions and writing. If you have bought this book just before your exams, then you will probably have already completed your Internal assessment. However, if you are still in your first year, these pages will help you to prepare yourself for this part of the course.

In this chapter, we explain how to do well in both types of oral: **Individual & Interactive**. Then, we've provided you with 4 real orals to listen to online, with explanations of why they achieved the high grades they were awarded.

Go to http://www.osc-ib.com/ib-revision-guides/spanish

How is the oral assessed?

As with any of the exam components, it is essential that you are familiar with the assessment criteria for the oral (internal assessment) so that you know what is expected of you and what you need to do to access higher marks. Just ask your teacher for a copy. The same criteria is used for both types of oral, and, just like for Paper 2, you are assessed on:

     A – Language /10

     B – Cultural Interaction /10   **Total = /30**

     C – Message /10

Both the Interactive and Individual orals are organised and marked by your teacher. You will do at least 3 Interactive (or group) orals in the second year of the course and the best mark is selected. You will do your Individual oral with your teacher in the second year of the course (around February/March) and it will be recorded. Your Individual mark and best Interactive mark are then averaged to give you your marks for the Internal Assessment, and these marks are sent to the IB examiner, along with the recording of your Individual oral, for moderating (which means your mark could go slightly up or down).

For example, if you get 20/30 for your Interactive oral and 23/30 for your Individual oral, this will be averaged to 21.5/30 and rounded up to 22/30.

Interactive orals

Hopefully, oral work is a regular, informal and fun feature of your Spanish lessons. But over the two years, you will need to do a few assessed group orals. These will mainly take place in the second year and the best mark is chosen. You have to do at least three but there is no limit.

➢ Interactive orals can be in pairs or small groups. (If you happen to be the only person in your class, you can do them with your teacher.)

➢ Interactive orals can be discussions, debates, interviews with real or fictional characters, role-plays, presentations followed by questions from the group, and many other things.

➢ At least one oral should be in response to audio-visual material eg: a film clip, a song, a TV programme, or a news report.

➢ There is no specified time limit for Interactive orals so they could last anything from 5 – 30 minutes.

➢ Interactive orals can be prepared in advance or be totally spontaneous

Tips on improving your performance in Interactive orals

Before an oral	**During an oral**
Get into the habit of joining in during lessons: don't be a wall-flower!	Make eye-contact with the others.
Do volunteer to read aloud in class to get used to hearing your own voice, and to practise your pronunciation and intonation.	Contribute actively in the conversation – don't wait to be addressed.
If you are allowed to prepare in advance, prepare your opinions and learn some specific vocab for the topic, and think of some questions for the others.	Equally, don't try to dominate by interrupting others – you'll all get better marks if you support each other.
Orals are called Interactive because you are interacting with others – this means listening as well as speaking. So practise your listening by:	Part of the criteria refers to 'sensitivity to others' so let others speak, listen to what they say, and respond accordingly.
✓ tuning in to Spanish radio live streaming on the Internet. Try: http://www.rtve.es/radio/radio3/ ✓ downloading Spanish podcasts ✓ watching Spanish/South American movies.	Pay attention to register: if you are all just being yourselves and having a discussion, use *tú*, but if you are playing the role of a journalist, for example, use *usted*.
	Keep an eye on the time and round up the conversation appropriately.

cómo dar tu opinión	cómo expresar desacuerdo
creo que / pienso que / en mi opinión...	no estoy de acuerdo...
me parece que / supongo que...	eso no es verdad...
a mi modo de ver / yo diría que...	no entiendo tu (su) actitud...
bueno, pues, yo creo que ...	perdona que te (le) interrumpa pero...
vamos a ver...	en absoluto...
por una parte... pero por otra...	dudo que sea así...
además / encima	no creo que + subjuntivo
un ejemplo es que...	es todo lo contrario...
o sea... / es decir...	¡qué va!
no cabe duda de que / sin lugar a dudas	esto no se puede decir

cómo participar en la conversación	cómo invitar a otros a participar
perdona...	¡adelante!
¿puedo decir algo?	¿qué decías? / ¿qué decía usted?
¿puedo continuar?	¿qué opinas tú? / ¿qué opina usted?
¿puedo hacerte(le) una pregunta?	¿estás de acuerdo? / ¿está usted de acuerdo?
lo que quiero decir es que...	¿no crees que...? / ¿no cree usted que...?
con todo respeto, yo creo que...	sí, tienes razón / sí, tiene usted razón
sí, pero mira... por supuesto, pero...	¿puedes repetir lo que has dicho? / ¿puede usted repetir lo que ha dicho?
eso sí, pero es posible que...	
espera, espera...déjame explicar	me interesa tu opinión / me interesa su opinión

Individual oral

Format of the oral

Your teacher introduces the recording

Then you introduce yourself and your topic in Spanish:
> *Mi nombre es...*
> *Mi número de candidato del BI es...*
> *El tema de mi exposición es...*

Part 1 **Presentation**   3-4 minutos

Part 2 **Questions on your topic**   3-4 minutos

Part 3 **General conversation**   3-4 minutos

Total   10-12 minutos

Why are there 3 parts to the oral?

❖ Part 1 is your chance to show off your best spoken Spanish and your carefully thought out ideas on a topic that really interests you.

❖ Part 2 tests your listening abilities and your ability to develop your ideas within the comfort of a topic with which you are very familiar.

❖ Part 3 is when you really show your ability to engage in a natural conversation, to think on your feet and to respond spontaneously to unpredictable topics of conversation.

The 3 parts of the exam get increasingly challenging but it is important to prepare each part equally as the assessment criteria is applied holistically. In our experience, some students start quite stilted, relying heavily on a memorised presentation, then they relax into the conversation and their performance actually improves. Others start off with a very confident presentation, then they begin to hesitate in Part 2 as they don't have much left to say about the topic, then they lose confidence in Part 3 and their performance deteriorates. Neither of these scenarios is recommendable! You should aim to maintain a strong performance throughout the 3 parts and don't just obsess over the presentation!

Can I bring notes into the exam?

You can bring brief notes with you into the exam for the presentation. Some students find that a couple of key words helps them get back into rhythm if they go blank, others find it more distracting than it's worth. If you want the security of notes, we advise:
  ✓ a maximum of 10 brief bullet points, or 10 key words
  ✓ any key dates or numbers e.g. *1492 – mil cuatrocientos noventa y dos*
  ✓ one or two key quotations if you are talking about a book or play

Any notes you bring in will not be sent to the examiner. Instead of notes, however, you are actively encouraged to bring some stimulus material with you.

Stimulus material

Stimulus material is sent to the examiner along with the recording. It can liven up your presentation and it gives the examiner something to look at while listening to you. Effective stimulus material follows these guidelines:

✓ use images, an article, or the lyrics to a song
✓ set it out attractively, in colour if possible (all this shows the examiner that you care)
✓ stick to one side of A4 only and put your name & candidate number at the top
✓ bring stimulus material only if it is relevant and you are going to make reference to it
✓ if using an article or any kind of text, make sure you don't read it out!

For example, imagine you are talking about the film <u>Maria llena eres de gracia</u> and you have a picture of the DVD cover as your stimulus. You are talking about Catholic imagery in the film and you say: *"Vemos aquí, por ejemplo, en la carátula de la película, que María está mirando hacia arriba, y va a tragar la cápsula de droga como si fuera la hostia de la comunión."* It really helps the examiner to follow your idea if he/she can see the image you are describing.

Stimulus material can also help if you go blank. For example, imagine you are comparing 2 paintings by Salvador Dalí and you can't remember what you planned to say next. You can look at the pictures and they will either remind you what you wanted to say, or prompt you to say something else: *"En esta imagen, los colores son muy dramáticos, pero en ésta, son más pálidos."*

Choosing a topic for the presentation

Do:
✓ Choose a topic that interests you and conveys your personality
✓ Choose a topic that enables you to learn about an aspect of Spanish or Hispanic Culture
✓ Choose a topic that encourages you to express lots of opinions
✓ Choose a topic that offers the potential for complex thoughts, especially at Higher Level
✓ Choose a topic you'll be able to research quite easily
✓ Start with a stimulus – a song, a text, a film, a painting – as this helps you focus
✓ Place the stimulus within a social / cultural / historical / political / artisitc context
✓ Brainstorm your initial ideas and limit the scope of your research
✓ Formulate a question you'll try to answer within the space of your presentation
✓ Practise with your friends
✓ Aim to spend about 10-15 hours preparing your oral spread over a couple of months

Don't:
✗ Be too ambitious - if you choose something you know nothing about, you may find it difficult to focus your research and end up wasting a lot of time
✗ Choose something too difficult, it will only cause you a lot of anxiety and stress
✗ Choose something really obvious like bull fighting or flamenco, unless you have something quite original to say, or it might be quite dull for the examiner
✗ Choose something so obscure you can't find any information about it
✗ Narrate someone's biography – it's very dull to listen to and you won't score highly
✗ Do all your research in English and then just translate it all – it won't sound authentic
✗ Rehearse with your teacher – it's not allowed
✗ Leave it to the last minute!!

Let's practise! – Choosing a title for your presentation

To help you understand what makes a topic appropriate or not, look at the titles below and write the appropriate letter in the box according to the following criteria:

A – **appropriate**: topic is linked to Hispanic culture and the title is precise enough

B – **ok**: topic is relevant but the title needs to be more focused

C – **inappropriate**: topic not linked to Hispanic culture / far too vague / too basic

1. **La discriminación contra los gitanos en España**

2. **La vida de Picasso**

3. **El comunismo en Cuba**

4. **El medioambiente: un problema mayor que el terrorismo**

5. **Los jóvenes y las drogas**

6. **¿Qué pasará en Cuba cuando muera Fidel Castro?**

7. **La arquitectura de Gaudí**

8. **Rafael Nadal y Fernando Alonso**

9. **El papel de la mujer en *La Casa de Bernarda Alba* de Federico García Lorca**

10. **ETA y el País Vasco**

11. **Mis vacaciones en España**

12. **FC Barcelona contra Madrid: ¿deporte o política?**

13. **El flamenco**

14. **Cómo los autoretratos de Frida Kahlo ilustran su estado emocional**

If you don't already have a clear idea, why not choose a film as your starting point? Spanish and Latin American films often deal with controversial and meaty issues, which make perfect topics for orals and you can impress the examiner with your originality and cultural awareness. Orals based on films are fun to prepare, because you can watch them with your friends and family and discuss them together, which means you'll end up with a lot more original ideas, and suddenly the whole exercise seems much less daunting. Finally, films make perfect stimulus material because they enable you to show a variety of thinking skills:

- ✓ **Describe** (what's the plot?)
- ✓ **Explain** (can you situate the topic within a cultural / social / historical context, and why is it worth talking about?)
- ✓ **Develop your opinion** (did you change your mind about the film after reading more about it?)
- ✓ **Analyse** details (are there any recurrent symbols?) and wider implications (how does the film illustrate a real social problem?)
- ✓ **Select** (which scene is particularly shocking / pivotal / key to your argument?)
- ✓ **Compare and contrast** (how do two different characters react to the situation?)
- ✓ **Empathise** (do you understand the main character's motivations and decisions?)
- ✓ **Hypothesise** (what would you do if you were the main character?)
- ✓ **Consider** other points of view (do you agree with the critics or the characters?)
- ✓ **Criticise** (do you like how the director presents the issue?)
- ✓ **Evaluate** (does the film deal effectively with the issue?)

The following films all make for great orals and are all available to buy online:

Te Doy mis ojos, **Iciar Bollaín, 2003**
A brave portrayal of the reality of domestic violence in Spain and why it is so hard to change social values. Place within a context of enduring Franco values of machismo despite women's achievements over the past 30 years.

El Norte, **Gregory Nava, 1983**
A young brother and sister fleeing violence in Guatemala, the lengths they will go to to get to the States, the contrast between what they dreamed they would find and the reality when they get there.

El espinazo del diablo & El laberinto del fauno, **Guillermo del Toro, 2001 & 2006**
Two films by the Mexican director of the moment, exploring whether the children's world of ghosts and monsters is any scarier than the adult world of the Spanish Civil War raging outside, or whether it is precisely what helps them survive.

María llena eres de gracia, **Joshua Marston, 2004**
Young Colombian women with no opportunities are easily lured into the seedy world of drug trafficking. This film illustrates exactly what is involved in swallowing the drugs and what happens when it all goes terribly wrong.

Habana Blues, **Benito Zambrano, 2005**
A group of musicians who struggle to retain their artistic integrity when some Spanish producers turn up offering what turns out to be an exploitative deal. In the background, you can reflect on the reality of ordinary Cuban families and why they want to leave, and hypothesise on how things might change in Cuba when the Castro brothers are no longer around.

Effectively researching your topic

1) The examiners want you to use current material (articles, news items, Internet) and **_to make reference to it during your presentation and in your answers_** to questions. They want to see evidence of your research, but remember, they are also infinitely more interested in _your_ opinion on the topic, than in the topic itself. Search for some key background information and explain how what you have read has helped you understand this issue better. Choose a few pertinent sources e.g.

- Use www.google.es and click on "páginas en español" or www.youtube.es to find authentic sources and avoid translating from English!
- Use the search facility on www.elpais.es, www.elmundo.es, www.abc.es or www.rtve.es to find relevant articles on a topic e.g. "violencia de género"
- Search for interviews with the relevant author / singer / actor / sportsperson. Interviews in print will give you lots of useful vocab and idiomatic expressions while videos of interviews will give you tips for pronunciation and intonation.
- If you are talking about a film or book, use www.labutaca.net for film reviews and google "sinopsis de + name of book" – this should give you specific vocab and ideas to develop or disagree with.
- Avoid using Wikipedia as your first and only source – especially in English – your presentation will be boring.
- If you are talking about a film, watch it at least 3 times!

2) Once you have found a few good sources, spend most of your time **_thinking_** about them and **_talking_** about the topic to different people – in Spanish if possible. It can be tempting to read an article and regurgitate the ideas as if they were yours. However, it is more effective and shows independent judgement to state that you have read something, present the writer's idea, and respond to it by agreeing or disagreeing and saying why. This tactic also makes it easier to use subjunctives.

> _"Leí una entrevista con Shakira en Internet en que decía que ...... y pues, me sorprendió que dijera esto porque yo pensaba que ......"_

> _"Leí una crítica de la Casa de los Espíritus en Internet que decía que ... y bueno, no estoy de acuerdo porque..."_

> _"He leído en El País que más de cincuenta mujeres han muerto este año a manos de sus maridos o parejas. No sabía que fuera tan grave el problema. Me parece vergonzoso que haya tantas víctimas. Creo que el hecho de que no introdujeran la ley de divorcio hasta el 1981 tiene algo que ver con las actitudes machistas hoy en día en España."_

3) Make a list of topic-specific vocabulary and add to it with everything you read or listen to.

4) GIVE YOUR OPINION!!!

Organising your research for Parts 1 & 2:

Once you have done your research, organise your ideas. Remember that there is a difference between written and spoken language: your aim is to sound natural and spontaneous, not like you are reading aloud an essay. So instead of writing out perfect, full sentences, try bullet points, spider diagrams or mind maps. Once you have gathered and organised your ideas, select what you are going to say in your presentation and decide what you could develop if your teacher asks you a related question in Part 2. Have a look at this example based on the film *Te doy mis ojos* by Iciar Bollaín:

explain key vocab:
La violencia de género es cuando un hombre maltrata a su mujer o cuando una mujer maltrata a su marido. En esta película, Pilar es víctima del abuso de su marido, Antonio.
Could develop: *Pilar experiences physical and psychological abuse*

analyze a character:
Pilar es un personaje bastante complejo. También es una mujer muy normal. Está enamorada de su marido y es difícil admitir que tiene un problema.
Could develop: *divorce only recently legalised in Spain (1981) so Pilar wouldn't immediately consider this option.*

consider different perspectives:
La película presenta diferentes opiniones que son comunes en España. La madre de Pilar es muy tradicional y creo que refleja las normas de la época franquista. Ella dice que Pilar deber quedarse con su marido. Por otra parte, la hermana de Pilar es más moderna. No le gusta que Pilar esté con un hombre abusivo y la ayuda a escaparse.
Could develop: *entering into the world of work gives Pilar a new perspective on her own self-worth.*

reflect / evaluate / conclude:
En fin, creo que la película es muy realista. También, sirve para concienciar al público de un tema bastante tabú, o sea, un tema del que no se habla mucho en público.
Could develop: *Iciar Bollaín is a female director and all her films deal with difficult social issues. I understood the issues involved much more after watching this film.*

why is this topic of interest?
Se dice que en España, la violencia doméstica afecta al ...% de la población, así que me parece muy importante hablar del tema.
Could develop: *Spain is still a macho society stemming from Franco's traditional family values.*

hypothesise:
Es facil criticar a Pilar por quedarse con Antonio a pesar del abuso, pero no sé qué haría si estuviera en su lugar. Espero que pudiera hablar con la policía.
Could develop: *imagine what the experience is like for their son*

"**¿Es realista la presentación de la violencia doméstica en España en la película *Te Doy Mis Ojos*?**"

choose a scene:
Una escena muy conmovedora es cuando Pilar va a hablar con la policía. Ya que no tiene marcas físicas de abuso, el policía no entiende el problema. Pilar dice "ha roto todo" y es un momento muy triste porque significa que su marido ha roto su vida de una manera psicológica.
Could develop: *talk about the scene when Antonio goes to therapy and we see that men can also be victims of pressures in society about expected gender roles.*

propose solutions:
La violencia doméstica es un problema que afecta a muchas familias en España. Yo creo que el gobierno debería hacer más. Podría organizar más campañas publicitarias y concienciar a los jóvenes en el instituto.
Could develop: *Examples of recent campaigns that are effective and why.*

Checklist for my presentation

➤ Do I know my candidate number and how to say it in Spanish?

➤ Do I have a visual/written stimulus to send to the examiner (if appropriate)?

➤ Do I introduce the topic? Can I explain concisely why I have chosen this topic and why it's worth talking about?

➤ Can I talk for 3-4 minutes and sound clear, enthusiastic and spontaneous, and not sound like I've memorised it word for word or sound like I'm reading out loud?

➤ Do I have lots of relevant, specific vocab? Can I define my key vocab?

➤ Do I demonstrate complex ideas by developing my points and linking them with cohesive devices? Can I explain the origins of the issue (past) and reflect on the current situation (present) and hypothesise/propose solutions (future)? Can I select, analyse, and compare? Can I claim that most of what I say is my own opinion?

➤ Do I have a clear conclusion?

Revision tip! Expressing opinion instead of just narrating
Take this text on Dalí's life which is largely lifted from a website and see how purely narrative information can be made to look like your opinion and also serve to develop your own ideas:

Salvador Dalí nació en 1904. El hermano mayor de Dalí, también llamado Salvador, había muerto nueve meses antes por lo que decidieron ponerle el mismo nombre. Esto marcó mucho al artista quien sufrió una crisis de personalidad porque pensaba que él era la copia de su hermano muerto.

⇩

Salvador Dalí nació en 1904. He leído que tenía un hermano mayor que murió y entonces sus padres le pusieron el mismo nombre. Se dice en el artículo que Dalí sufría una crisis de personalidad. Creo que la causa de esto podría ser su nombre. En mi opinión, darle el mismo nombre que a su hermano muerto fue algo bastante extraño y es comprensible que Dalí pensara que era una copia de su hermano. Creo que esto también provocó su obsesión con la muerte en sus cuadros. En esta presentación, voy a centrarme en los símbolos de la muerte en dos cuadros de Dalí....

Revision tip! Making your presentation sound natural and not memorised
Pauses are important for the person listening so that they can process what you are saying. When you have memorised a 3-4 minute presentation, there's a tendency to rush, especially if you're nervous, and it's not easy to *pretend* it's not memorised. When practising your presentation, try to fit in natural pauses and fillers. Taking the same extract on Dalí, read it aloud, pausing where you see a double slash (//) or ellipsis (...). The fillers (**eeh... mmm...bueno... ¿no?**) also help to make it sound like you are making it up as you go along.

Salvador Dalí nació en 1904. // He leído que tenía un hermano mayor que... que murió y entonces // sus padres le pusieron el mismo nombre.// Se dice en el artículo que Dalí sufría una... una... crisis de personalidad. // Yo creo que la causa de esto podría ser su nombre. // **mmm...**en mi opinión, darle el mismo nombre que su hermano muerto fue algo bastante extraño **¿no?** y es comprensible que Dalí pensara que... que era una copia de su hermano. Creo que esto también provocó su obsesión con la muerte... en sus cuadros. **Bueno...** en esta presentación, voy a centrarme // en los símbolos de la muerte // en dos cuadros de Dalí....

Preparing for Part 3

In Part 3 you will be asked questions on 2-3 topics that could follow on naturally from your chosen topic or be completely different. The questions should be related to topics you have covered in class over the two years but are not designed to test your knowledge of specific facts. You will be required to give your opinions and, especially at Higher Level, your teacher should challenge you both in the choice of topics as well as in the phrasing of the questions. Do try to take the initiative in the conversation, be natural and you can even laugh, as this really shows how comfortable you feel speaking Spanish! Typical topics for Part 3 include:

Temas que afectan a los jóvenes:

las relaciones personales, el mundo laboral, la violencia entre alumnos, oportunidades para el futuro, las nuevas tecnologías, la educación, las drogas

Temas sociales de actualidad:

historias que han salido recientemente en las noticias, los cambios sociales, el papel de la mujer y del hombre, dilemas morales (la pena de muerte, la eutanasia), la tele y los medios de comunicación, la anorexia y la moda, la legalización del canabis, la crisis económica, la religión, la sexualidad, la política internacional, los avances científicos

Temas internacionales:

la guerra, el terrorismo, el medioambiente; culturas indígenas, la inmigración, la globalización, la importancia de los idiomas, las relaciones entre países ricos y pobres, la solidaridad

Temas de interés personal:

un libro preferido, planes para el futuro si son particularmente interesantes, experiencias del BI

At Higher Level especially, you should demonstrate the ability to engage in discussion on complex topics and even to disagree with the examiner and justify your points of view.

Actively avoid talking about simple things like your plans for the summer vacation.

Oral revision tip!

Use www.bbc.co.uk/spanish and www.rtve.es to browse articles and videos of topical issues.

Oral Revision tip! Prepare your own topic test cards:

For each topic you have studied in class, make test cards with:
- specific vocab
- a good structure
- an impersonal verb (e.g. gustar, parecer, interesar)
- a present subjunctive structure
- an imperfect / pluperfect / perfect subjunctive structure

Turismo

- las compañías de bajo coste
- no sólo...sino que también
- hace falta
- es imprescindible que + subj
- aconsejería a cualquier persona que
quisiera trabajar al extranjero que + imp subj

Jóvenes

- pasar de algo / dedicarse a /
  la brecha entre las generaciones
- aunque
- gustar
- para que + subj
- si no fuera por

Lectura

- el poder curativo /de la lectura
  enriquecedor
- no sólo...sino
- interesar
- no parece que + subj
- si no hubiera leído.... Nunca
      hubiera...

Educación

- la falta de motivación /
  el sistema educativo
- nunca
- preocupar
- los padres quieren que sus hijos + pres subj
- aconsejaría a los colegios que + imp subj

Mujeres

- los sueldos / las oportunidades /
  compaginar la familia con el trabajo /
  lo que se espera de una mujer
- a pesar de ...
- hace falta
- es imprescindible que + subj
- dudar que

Inmigración/racismo

- el fundamentalismo islámico / juzgar
  por las apariencias
- aunque
- parece
- hasta que + subj
- si no hubiera sido por...

Anorexia y moda

- las portadas de las revistas / la
  imagen de la mujer
- desde que
- me preocupa que + subj
- no parece que + subj
- nadie quiere que + subj

Terrorismo

- sembrar dudas / el 11 de septiembre
  las autoridades / los atentados
  terroristas
- preocupar
- hasta que + subj
- la gente sólo quiere que + subj
- era asombroso que + imp subj

Let's practise! Translate these phrases that you can use in any context:

1. I've always been interested in issues to do with

   ....

2. This topic started to interest me after we studied it in class

   ....

3. The first time I heard about this was when

   ....

4. What interests me most about this film is the way in which it portrays

   ....

5. It really surprised me that it was such a serious problem in Spain

   ....

6. I never would have imagined it was like this

   ....

7. The government should do something

   ....

8. It's essential that the government does something

   ....

9. Young people should be made aware of the risks

   ....

10. It's been like this for a long time

    ....

11. During Franco's dictatorship

    ....

12. Nowadays   13. In recent times

    ....

14. I've been following this story in the news

    ....

15. I'm sick of hearing about and seeing this story every day

    ....

16. I think the media is creating panic

    ....

17. What I don't understand is

    ....

18. I'm convinced that

    ....

19. I believe that / I think that

    ....

20. Without a shadow of a doubt

    ....

Example oral 1 – Standard Level

La inmigración en España

The student's choice of topic:

This candidate comes from a racially diverse family herself and so feels strongly about topics of immigration, race and identity. She applied her interests to an issue of contemporary social significance in Spain.

Notes on the candidate's performance:

A: Language: Her vocabulary is consistently appropriate to the topics covered, even in the unpredictable areas of politics, leadership/role-models and NGOs, which would all have been topics covered in class in the second year.

B: Cultural Interaction: Sometimes her answers are very short and she is prompted to expand. She is not afraid to ask for the question to be repeated. She sounds calm and comfortable speaking Spanish and makes a very good effort with pronunciation. It is clearly a natural and unrehearsed conversation.

C: Message: The candidate defines key vocabulary related to immigration as well as explaining clearly some causes and consequences of immigration. When questionned, she is able to express further knowledge and understanding of the issue, using relevant examples to support her points. In the unpredictable areas, she takes the initiative and makes sure that her answers include examples she is confident and familiar with from her revision.

Grade awarded: 6

Transcript:

> **Key:**
> .... not entirely right
> ~~Abc~~ shouldn't be there
> (...) is missing

Quisiera hablar de la inmigración porque es un tema muy dominante en España y en nuestro mundo y en este momento. Decidí hablar de la inmigración a causa de mis propias raíces. Aunque yo nací en Inglaterra, mis padres emigraron de los países extranjeros. Mi padre nació en Israel, emigró a Suiza, después a los Estados Unidos y finalmente a Inglaterra. En cuanto a mi madre, emigró de Italia a los Estados Unidos y finalmente llegó aquí. Y creo que todas estas culturas han contribuido a formar mi propia identidad.

La emigración de las masas en España es debido en gran parte a la falta de la distribución igual de los recursos naturales y la riqueza entre todos los países del mundo. Sin duda, los países de occidente son muchos más ricos que los otros países y hay muchas más oportunidades en occidente incluyendo más trabajos, mejor salud, un nivel más alto de vida y, además, es de vez en cuando menos peligroso.

Claro, se puede entender las razones para que las personas quieren emigrar. Sin embargo, hay que admitir que la inmigración provoca dificultades sociales en un país como España. Muchas personas creen que en un entorno diferente esos recursos y posibilidades deben ser mayores y mejores. Existen varias causas para la inmigración que van desde la escala global hasta los motivos personales. Uno puede querer emigrar por persecución política, religiosa o étnica o para escaparse de guerras o de situaciones políticas inestables. En mi opinión, el derecho de emigrar debería ser la base de cualquier sociedad desarrollada, humana y diversa. Sin embargo, es totalmente necesario tener límites. Con sus restricciones de tierra y de recursos, España no tiene la capacidad de apoyar una afluencia sin límites y la presencia aumentada de los inmigrantes en España es debido a las leyes recientes de la Unión Europea. Hay muchos más inmigrantes europeos allí que antes, por lo tanto están negando a mucha gente honorable y desesperada vivir allí.

Actualmente, en la Unión Europea residen once millones de extranjeros y el principal vía de acceso al Viejo Continente de los flujos procedentes de África, de Este de Europa, Asia y de Turquía y Kurdistán es España y en este momento en España residen casi cuatro millones de extranjeros y esto es *el* diez por ciento de la población nacional. Además de los otros inmigrantes, en España hay una fuerte inmigración de sudamericanos, en especial de ecuatorianos y colombianos.

Para concluir, en mi opinión, la inmigración no debilita a un país. A menudo, la inmigración enriquece la cultura, trae diversidad y enseña tolerancia.

- **A ver, tú has hablado de que en España hay… la inmigración ilegal es un gran problema.**
- Sí

- **¿Esta avalancha de inmigrantes afecta a todas las regiones de España o se concentra en algunas regiones en particular?**
- En algunas regiones *en* particular, por ejemplo en Madrid hay un flujo migratorio más grande pero en estas regiones hay muchos organizaciones para ayudar con la inmigración, para ayudar con los conflictos y ayudar con la cohesión social por ejemplo. Porque muchas personas creen que los inmigrantes toman todos los empleos en un país pero por la realidad, los inmigrantes trabajan en labores que los nacionales no quieren hacer.

- **¿Y hay alguna otra región que esté afectada por este fenómeno… especialmente?**
- En las...

- **¿Perdón?**
- En Las Islas Canarias por ejemplo hay un problema grande con respecto a la inmigración pero muchas personas quieren emigrar en las pateras o los cayucos… y las condiciones son muy malas y asquerosas y muchas personas mueren. Es necesario encontrar ~~las~~ soluciones alternativas… para emigrar.

- **Ya. ¿Es peligroso esto que hace esta gente, no?**
- Sí, sí es peligroso.

- **¿Y si es tan peligroso, y tanta gente muere como tú dices, por qué hacen eso, por qué llegan a ese extremo de arriesgar su vida?**
- Porque esas personas son muy desesperadas *por* vivir en los otros países para mejorar su vida y ganar dinero para sus familias… y por aumentar el nivel de su vida quieren hacer las cosas muy peligrosos.

- **¿Y hay alguien, tú crees, que se beneficie de este fenómeno?**
- ¿Puedes repetir?

- **Sí. ¿Hay alguien que se beneficie de este fenómeno?**
- Muchas personas, por ejemplo el mafia, que venden los billetes para los cayucos o las pateras. Es una sistema muy corrupta porque ganan el dinero y los inmigrantes están en las condiciones muy deplorables y es una situación muy mala para el mundo

- **Ya... mmmmm... para no ir más lejos, tú y yo somos inmigrantes, ¿no? Somos inmigrantes aquí en Londres.**
- Sí

- **¿Cómo... cómo te imaginas que sería Londres sin inmigrantes?**
- Londres tiene una impresión bastante bien de los inmigrantes... pero la presencia aumentada de los inmigrantes ha intensificado con la xenofobia tradicional. Desde la catástrofe en Nueva York hay muchas actitudes negativas hacia los inmigrantes porque muchas personas quieren conservar su composición étnica y también muchas personas desconfían de los extranjeros. Pero los inmigrantes tienen muchas más problemas... de integrarse. Los que vienen tienen que obtener los permisos de trabajo legal, al mismo tiempo tienen que aprender el idioma nuevo y asumir las costumbres nuevas y formas de vida. Además, quizás los valores de los inmigrantes pueden ser diferentes de los valores del nuevo país.

- **Claro. Para terminar con esta... esta parte y pasar a otro tema, ¿sería muy diferente Londres?**
- Pien... Espero que Londres sea... pienso que Londres es... tiene una buena impresión de los extranjeros, más que los otros países pero en el futuro espero que haya menos actitudes negativas hacia los extranjeros, los actitudes de rechazo, por ejemplo.

- **Vale. Vamos a pasar a otro tema diferente. Recuerdo el día en el que Obama ganó las elecciones y recuerdo que tú estabas muy contenta.**
- Sí.

- **¿Por qué?**
- Porque la administración de Bush está más motivada por la venganza y quiere luchar todo el tiempo pero Obama está en misión de paz y él...porque comprende que la guerra y los bombardeos no son las soluciones para acabar con el terrorismo... Necesitamos un esfuerzo internacional y muchas personas se preguntan cómo combatimos con el terrorismo si no es a través de la guerra pero pienso que Obama comprende que hay alternativas para combatir con el terrorismo.

- **Y... a mí me sorprende mucho que...que a ti te interese tanto este... la política... ¿tú crees que a los jóvenes de hoy en día les interesa la política en general?**
- Estoy más interesada en la política que los otros jóvenes. Pienso que los jóvenes piensan que los otros políticos no son inspiradores pero actualmente creo que más y más jóvenes son más interesadas con la política a causa de Obama.

- **Tú eres americana así que por eso te interesa más Obama, ¿no? que...**
- Sí. Pienso que Obama es un político muy inspirador.

- **Bien... ¿tú crees que la gente ve a Obama como un hombre normal de carne y hueso o que lo ve como un súper héroe?**
- Mmm... pienso que muchas personas creen que Obama es un hombre normal pero que tiene la capacidad de apoyar al mundo en una manera fantástica. Mmmm... para luchar contra el terrorismo y traer los responsables ante la justicia. También pienso que Obama ayudará con la democracia eficaz a largo plazo porque la solución de ganar la guerra contra el terrorismo es promover la libertad y la dignidad humana a través de la democracia eficaz.

- **Finalmente, en nuestra sociedad es muy fácil idolatrar a los famosos, ¿no?**
- Sí...

- **¿Estás de acuerdo con eso?**
- Sí… admiro _a_ la actriz Angelina Jollie porque es embajadora de ACNUR y también pienso que trabaja de una manera incansable para mejorar y para crear una diferencia. Pienso que es una muy buena idea cuando los organizaciones como UNICEF, por ejemplo, contratan _a_ los famosos a ayudar porque esas personas son bien conocidos y tienen la capacidad de ayudar y creen las iniciativas más grandes que los otros personas pueden hacer.

- **Muy bien. Hemos llegado al final del examen…**

Example oral 2 – Standard Level

El reggaetón

The student's choice of topic:

This candidate loves music and so chose to talk about a style of music that is very popular in Latin America but is also subject to controversy due to the lyrics which can be very sexist. It would be better if her title were phrased as a question.

Notes on the candidate's performance:

A: Language: Her presentation incorporates an excellent range of specific vocabulary and a wide range of structures and tenses, but in the general conversation she tends to stick to the present tense. Her language and pronunciation is generally very accurate, although she begins to make more mistakes in Part 3.

B: Cultural Interaction: Her presentation sounds a little memorised but the conversation in Part 2 is clearly not rehearsed. Instead, she has anticipated and prepared for likely questions which enables her to respond confidently. She loses some fluency at the end of part 2. She interacts well with the teacher and understands all questions.

C: Message: Her presentation is a bit too descriptive in parts but the teacher asks questions that deal with the controversy over the lyrics to encourage her to express more opinion and analysis. The candidate has clearly researched the topic thoroughly as she is able to convey lots of different examples in her response to questions. In Part 3 she demonstrates her general cultural awareness and ability to discuss a variety of topics.

Grade awarded: 6

Transcript:

> **Key:**
> .... not entirely right
> ~~Abc~~ shouldn't be there
> *(...)* is missing

He elegido hablar del reggaetón porque para mí cuando aprendo una lengua me gusta saber y comprender un poco sobre la cultura. En mi opinión, eeeh, el conocimiento de la...las... la música y los artes es una manera de ser más junto de una cultura. El reggaetón, un tipo de música muy popular en Sudamérica, es la fusión del ritmo reggae con el rap en español. Hay un debate sobre el verdadero origen del reggaetón porque hay pruebas del origen puertorriqueño y del origen panameño.

Se comen... se comienza a escuchar el reggaetón a principios de los noventa. Debido al fuerte contenido de sus letras y la naturaleza de su lenguaje, era distribuido de manera clandestina entre la juventud. La juventud jugó un gran papel en la popularización del reggaetón. A la juventud le encanta el reggaetón y gracias a ellos el reggaetón fue capaz de extenderse por todos *(los)* países en Sudamérica y ahora ha llegado a calar incluso en el público ~~de~~ estadounidense. Actualmente el reggaetón es muy prominente en múltiples países como Venezuela, Colombia, Argentina, España, etc. Ahora, no solamente el reggaetón ha llegado a mercados donde el idioma principal es el castellano, sino que también se han producido sorpresas como el éxito del grupo Los Calibres en Japón y el grupo Pachanga en Alemania.

El reggaetón es sin duda más popular entre la juventud, probablemente esto sea que... porque el resto de la población se toma más en serio las letras de las canciones. La característica la más distintiva del reggaetón es el ritmo reggae, ritmo repetitivo que es casi clónico en todas sus canciones. Es fácil de bailar y provoca movimientos sensuales. Las voces cumplen una función muy importante, pero tan importante como es la voz del cantante, es el trabajo del disc-jockey, que es encargado de mezclar la música. Las voces estridentes son distorsionadas con equipos electrónicos agregando un suave eco que le da más poder a cada palabra pronunciada. La clave del éxito de una canción del reggaetón dependerá de un armonía entre el cantante, el Dj y también una letra pegadiza.

Antes, los temas de las letras eran de denuncia social, pero con el paso del tiempo ha ido derivando en un tipo mucho más festivas, abundando sobre todo las que aluden al sexo. En ocasiones este tema es manejado de forma discreta pero en otras la letra es... mmm...sobre... la letra es sexualmente explícita. Algunas canciones son calificadas por sus críticos como machistas y simples y también algunas canciones tienen contenido amoroso y sentimental, dándole así un toque romántico al reggaetón.

- **Muy bien, muy interesante, pero me pregunto... este estilo de música no es muy conocido Inglaterra, ¿cómo es que tú lo conoces?**
- Como lo dije para mí me gusta saber mucho sobre la cultura de las lenguas que aprendo. Por ejemplo, aprendo el francés y yo sé un poco sobre la cultura allí. Ahora también tengo amigos en Sudamérica y me lo muestran este tipo de música.

- **Y, ¿es verdad que algunas emisoras de radio están en contra del reggaetón?**
- Sí, es verdad. Por ejemplo, en Honduras, *(se)* ha presentado un proyecto de ley para arreglar la música con palabras obscenas como el reggaetón

- **¿Y esto te parece exagerado o te parece algo muy sensato?**
- Creo que es una buena idea porque algunas letras son muy degradante para las mujeres y son vulgares y también hay un problema con las vídeos de la música porque muestra... muestran un imagen... una imagen muy mala de la mujer y causan problemas con los adolescentes en países donde el reggaetón es muy prominente

- **En tu opinión, ¿cuál es el mayor peligro que trae el... este fenómeno, el fenómeno del reggaetón?**
- Porque muestra un imagen... una imagen de la mujer que es muy sexual creo... creo que en Sudamérica hay problemas con las chicas allí porque creen... porque toman en serio el... la imagen y creen que es guay de ser como la imagen, ahora hay problemas con esto.

- **¿Y puedes darme algún ejemplo que ilustre hasta qué punto es perjudicial el reggaetón en cuanto a letras o vídeos?**
- Por ejemplo muestra... por ejemplo bailan de manera muy... muy vulgar y enseñan un... una imagen muy terrible a los adolescentes, pero porque hay muchos cantantes y hay grande... una cultura grande, por ejemplo hay... por ejemplo hay muchas cantantes como Rakim y Ken- Y y también Don Omar y muchas otras.

- **¿Y se te ocurre alguna solución a este problema?**
- Ahora no hay una solución pero es claro que todos los países considera este... el reggaetón una problema y han... has... han hecho cosas como no juegan estes canciones sobre el radio ahora. Quizás en el futuro no escuchamos más el reggaetón.

- **Bien, vamos a pasar a otro tema ahora. Tú has mencionado que el reggaetón puede afectar a los adolescentes y supongo que también a los niños, ¿no? Pero, no te parece que hay otras cosas que también juegan un gran papel hoy en día?**
- Sí, por ejemplo las medias, los medias son muy... son una cosa muy grande en nuestro mundo. Hay anuncios por todos... por ejemplo en la estación de autobús y por el televisión y... no puedo... no puedo no las ven... ahora es difícil de escaparse... escaparlos...

- **¿Y qué sectores de la sociedad son más vulnerables, tú crees?**
- En particular los adolescentes son mucho más afectadas y también las chicas en particular porque hay un imagen... una imagen perfecto de una chica que es demasiado delgada y las chicas las... las toman en serio y cr... quieren ser como este imagen.

- **Y esto te parece peligroso**
- Sí

- **¿Se te ocurre algún ejemplo de algo que hayas visto, algún anuncio o algo así que haya sido... que tú creas que sea peligroso?**
- Sí, porque también para muchas marcas de la moda hay anuncios que muestran por ejemplo modelos muy delgadas y modelos que (no) llevan prácticamente nada... nada (de) ropa y las chicas porque eso es la imagen no sé... no sé que no es normal. Para ellas éste es el imagen como marca... por ejemplo marcas como Dolce & Gabbana y cosas como eso.

- **Ya... entiendo. Vamos a pasar a otra cosa. Antes dijiste que tú aprendías otras lenguas**
- Sí

- **¿Aprendes español y francés?**
- Y chino

- **Ah, ¿también chino?**
- Sí

- **Tres lenguas...**
- Sí, me gust... he decidido aprender el chino porque pri... en primero porque las lenguas me interesan pero también quería aprender un otro lengua... un legua diferente de un parte diferente del mundo y fui a China dos veces eeeh... y me gustaba mucho.

- **¿Y las estudias porque te gustan y las disfrutas o porque crees que van a ser útiles para ti en el futuro?**
- No sé qué quiero hacer en el futuro pero yo sé que quiero hacer alguna cosa como... con mis lenguas y me gusta viajar entonces quiero... para viajar es necesario de aprender lenguas.

- **¿Y tú crees que todo el mundo debería aprender lenguas?**
- En mi opinión... sí. Creo que es una... una cosa muy útil para la vida, pero si estás... está una person... persona que no le gusta viajar y solamente quiere quedar en su propio país... propia país, entonces no es importante, pero en general creo que es una buena idea.

- **¿Qué te parece entonces la nueva idea del gobierno que dice que las lenguas no son obligatorias para los niños?**
- Estoy en contra de este idea porque creo que es necesaria hasta un punto de aprender, por ejemplo después de las GCSE...

- **Los exámenes de GCSE, ¿no?**
- No es completamente esencial de aprender después de este nivel, pero antes creo que si las niñas y si las adolescentes no pueden ver las lenguas u aprender en (el) colegio no saben... no puedo viajar y no saben mucho sobre el mundo.

- **Muy bien. Gracias, X, hemos terminado**

Example oral 3 – Higher Level

¿Qué contiene el futuro para Villa El Salvador?

The student's choice of topic: This student had spent the summer doing voluntary work in the outskirts of Lima, Peru. The experience was very enriching on a personal level and also helped improve her spoken Spanish considerably so it was a natural topic to choose for her oral: not only did it provide much opportunity for opinion, analysis and hypothesis, it also enable her to convey her personality and enthusiasm for Spanish.

Notes on the candidate's performance:

A: Language: She has a very wide range of vocabulary related to social problems and development. She also uses a variety of tenses, including present, conditional, imperfect, and lots of subjunctives including present and imperfect. There are a couple of minor errors in the endings of words.

B: Cultural Interaction: Her cultural interaction is strong. She begins sentences with "*bueno...*" "*pues...*" "*es que...*" which sounds very authentic, and she answers questions with "*esto es una pregunta interesante porque...*", "*para empezar...*". She considers her answers, develops her ideas but doesn't ramble on: she stops and lets the teacher ask another question so it is a proper conversation.

C: Message: She uses her own experiences as a starting point for discussing the issues of economic and social development in a marginalised area of a Spanish speaking country. She mentions various problems and suggests solutions; she compares different neighbourhoods and different generations; and because she had included a couple of photos in her stimulus sheet, the teacher was able to draw attention to them.

Grade awarded: 7

Transcript:

> **Key:**
> .... not entirely right
> ~~Abc~~ shouldn't be there
> *(...)* is missing

Pues, primero, elegí este tema porque hace dos años fui a Villa El Salvador, que es un barrio en Lima, para trabajar como voluntaria. Trabajé en un colegio enseñando inglés y también en una residencia para niños y ancianos muy discapacitados. Durante mi tiempo allí, formé un interés en la cultura del país y también formé amistades muy fuertes con la gente local y por eso volví el verano siguiente. Como he pasado tanto tiempo en Lima, he desarrollado un interés en el desarrollo económico y social del país. Bueno, una historia de Villa Salvador... pues no hay mucho para decir, es que Villa Salvador nació de casi nada hace como cuarenta años cuando empezó el urbanización de Lima. Es que en Perú el problema es que la mayoría del trabajo está en las ciudades y no hay muchas oportunidades para la gente que vive en el campo y por eso, mucha gente que vive en el campo quiere ir a los ciudades y particularmente de Lima para buscar oportunidades y buscar como una vida mejor. Pero el problema es que con tanta gente buscando trabajo, no hay suficiente para todos y eso significa que... que el desempleo es un gran problema y todavía está creciendo. Como hay tanta gente, el gobierno ~~lo~~ encuentra muy difícil cuidar a todos y proporcionarles ~~con~~ suficiente educación, suficiente servicios públicos y suficientes casas.

Pues, desde mi punto de vista, el futuro de Villa Salvador depiende en lo que hace el Gobierno en los años que vienen. Es verdad que recientamente el Gobierno haya empezado a ayudar un poco más, dando más dinero, un poco más de inversión, pero todavía no creo que sea suficiente. Es que todavía no hay suficientes casas, no hay suficientes oportunidades para los residentes y es que con tanta gente, sí, el gobierno lo encuentra bastante difícil cuidar a todos. No creo que es tolerable que la gente vive bajo de estas condiciones... y el problema es que hasta que el gobierno preste atención, nada va a cambiar.

Pues... ¿qué debería hacer el gobierno? Personalmente creo que el gobierno necesita apreciar inversión del centro de Lima que ya es tan comercial que no creería que fuera la misma ciudad a barrios como Villa El Salvador. Es que... si el gobierno contribuyera más dinero a reconstruir y mantener la infraestructura de Villa El Salvador y el sistema educativo, la gente conseguiría más oportunidades para poder mejorar su propia situación. Cuando haya escuelas mejores, los niños podrán obtener más calificaciones y más capacidades para entrarle... para entrar en trabajos mejores. Pero si el gobierno sigue haciendo tan poco para ayudar a la gente de Villa El Salvador como hoy, dudo que su situación vaya a cambiar mucho.

- **Gracias. ¿Puedes comparar el barrio de Villa el Salvador con un barrio rico de Lima, Miraflores, por ejemplo?**
- Ésa es una pregunta muy interesante porque hay una gran diferencia entre... entre los dos. En Villa el Salvador... vale... Villa El Salvador creció de la arena que está alrededor de Lima y por eso es bastante sucio y los edificios son muy bajas porque son muy, muy básicos. En contrasto, el barrio de, por ejemplo Miraflores o el barrio donde viví, que se llama Surco, son bastante ricos. Las casas son más grandes, hay parques con... con flores y que no hay nada en Villa el Salvador. Y también, especialmente en el centro, hay... hay lugares para ir de compras, hay un... una... un night club, y hay también, sí, mucho que (se) puede hacer. Pero en Villa El Salvador no hay oportunidades, no hay lugares para ir a disfrutarle.

- **Dijiste que trabajaste con niños, ¿no?**
- Sí

- **¿Qué aspiraciones pueden tener esos niños de cara hacia el futuro?**
- Pues, espero que los niños tengan aspiraciones a hacer más con sus vidas que sus padres porque sus padres, la mayoría, no tienen trabajos estable, especialmente las mujeres no tienen muchas oportunidades. Pero espero que los niños que enseñ... estaba enseñando teng... tendrán más oportunidades porque ya tienen más capacidades que sus padres, es que sus padres no hablan inglés y estaba enseñando niños entre los edades... las edades de... de como cinco años y seis años pero también de once y doce años y ellos tienen un nivel de la lenguaje mucho más alta de... que sus padres.

- **Has mencionado que el gobierno debería hacer más, ¿no? ¿qué iniciativas podría promover el gobierno de Lima para desarrollar este barrio?**
- Vale... pues... para empezar, creo que el gobierno necesita... no sé... si fuera en el posición del gobierno... daría más dinero a iniciativos como construir más colegios porque no hay suficiente para todos los niños en Villa el Salvador. También promovería educ... más educación como la Universidad porque la mayoría de la gente en Villa El Salvador termine su educación después de como once años y...para buscar trabajo para ganar ingresos para apoyar a su familia.

- **Veo en esta foto que has traído que, que... bueno supongo que no pasan autobuses por estas calles, ¿no? ¿hasta qué punto está aislado este barrio en cuanto a transporte?**
- Sí, es muy interesante porque la gente de Villa El Salvador están... está... un comunidad bastante cerca y es bueno porque tiene... es una comunidad muy amicable, muy contento, pero también es una problema porque, como puedes ver no puedes salir de su lugar y por eso no (se) puede ir por ejemplo al centro de Lima para buscar trabajo o buscar algo más para hacer. Sí, es muy aislada y también no hay servicios públicos, no hay un red como en Londres y por eso la gente no puede viajar muy lejos.

- **Muy bien, muy bien. Vamos a cambiar un poco el tema, pero, o sea, tú te has mostrado muy solidaria en cuanto a tu trabajo voluntario en el extranjero, pero ¿crees que los jóvenes en general son solidarios o egoístas?**
- Ésa es una pregunta muy interesante. Pues creo que depiende en qué edades y también en qué orígenes sociales estamos hablando, porque claro que (*los*) niños y jóvenes más joven no son tan… no hacen tanto trabajo voluntario, pero creo que es algo que el gobierno debería promover porque aún si es en su propio ciudad, su propio escuela, puede ayudar a mucha, mucha gente. Pero normalmente no es algo que… que jóvenes quieren hacer a sí mismo, es algo que… algo que la gent… los adultos necesitan mostrar y demonstrar a ellos.

- **¿Y no te parece triste que… que sólo prestamos atención a causas nobles cuando se meten famosos como Angelina Jolie, y si no, ignoramos todo?**
- Sí, pues esto es verdad. Pero al otro lado, se puede decir que es… es muy bueno que esta gente famoso hacen este… hagan este… estos proyectos porque la gente famoso promueve la…la… el trabajo voluntario. Y si el… la población sólo quiere apoyar este proyecto sólo si hay una persona famosa que está apoyándolo, pues vale, pero apoyo es apoyo, ¿no?

- **¿Crees que hoy en día los jóvenes respetan más la opinión de los famosos o de los políticos?**
- Pues… otra vez… muy interesante… es que… los políticos no pueden conectar muy bien con… especialmente con… con la gente más joven. Y creo que la gente más joven admiran a la gente famosa más que (*a*) los políticos y esto puede ser una problema… un problema en el futuro porque si la gente joven hoy no entienda lo que están diciendo los políticos, es posible que no vayan a creer o entender lo que está haciendo en el mundo… ocurriendo en el mundo. Pero creo que para los adultos, claro que ellos entiendan más que dicen los políticos y les admiren. Espero que les admiren más que (*a*) la gente famosa.

- **Muy bien pues hemos terminado la discusión.**

Example oral 4 – Higher Level

¿Es el papel de las mujeres en 'La Casa de Bernarda Alba' una premonición de lo que iba a llegar para las mujeres bajo Franco?

The student's choice of topic:

La Casa de Bernarda Alba by Federico García Lorca was studied in class as a set text and strong candidates are encouraged to discuss a literary topic in the oral.

Notes on the candidate's performance:

A: Language: She ensures that she covers a full range of tenses, especially the subjunctive, in her presentation. During the conversation, she maintains a similarly high level. She has a wide vocabulary even if she occasionally gets the pronunciation wrong e.g. *época, arraigadas, división.*

B: Cultural Interaction: It's a very spontaneous conversation, she interacts well with the teacher and she is clearly thinking on her feet. She uses some nice conversational expressions, e.g. *Gracias a Dios.., me gustaría pensar que…, diría que…*

C: Message: The candidate does two things in her presentation: she discusses the work itself and also places it within the historical context of Franco's dictatorship which followed the death of the author. In her response to questions she is able to bring in more ideas, for example, about the Church. She also studies French HL, which explains her example of Rachida Dati.

Grade awarded: 7

Transcript:

> **Key:**
> .... not entirely right
> ~~Abc~~ shouldn't be there
> *(...)* is missing

Lorca escribió su Trilogía Rural a principios de los años treinta y fue asesinado en 1936. Aunque no hubiera conocido el régimen de Franco y el maltratamiento de las mujeres, encontré que su descripción de la frustración de las mujeres en sus obras era acertada de una manera inquietente. Se puede ver la represión en la formación político-social que recibían las mujeres en las escuelas bajo Franco, que decía que Dios formó (**a**) la mujer para su ayuda y compañía y para que sirviera de madre… y en mi mente, es posible que Bernarda pudiera haber dicho estas líneas y por eso se podría decir que Lorca actuaba con mucha previsión.

Bernarda es el personaje principal en La Casa de Bernarda Alba y en esta obra Lorca utiliza dos mujeres para mostrar la dicotomía entre el conformismo y la rebeldía de las mujeres. Bernarda es...es una imagen de la sociedad muy conservadora y quiere que sus hijas cumplan con las normas. Ella representa las ideas de la época. Las mujeres deben ser serviles a sus maridos y que hay una jerarquía hasta en la familia, pero se utiliza a su hija menor, Adela para representar lo contrario de Bernarda. Porque Adela quiere vivir para el amor y no quiere que su madre decida su futuro, no obedece las reglas de la familia y la sociedad en lo que concierne a las mujeres.

La diferencia entre los hombres y las mujeres bajo Franco era muy evidente. Sencillamente, los hombres tenían la libertad de hacer lo que querían, mientras que las mujeres tenían sólo dos olternativas, notablemente ser monja o casarse, y luego tenían que quedarse en casa haciendo tareas como la de criar a los niños y esto se parece a la imagen de las hermanas de Adela, ya que…que solamente se las ve haciendo tareas como coser y aunque la mujer podía trabajar, era sólo con el permiso de su marido.

En conclusión, no se sabe por qué Lorca tenía una perspectiva de las mujeres tan diferente y subversivo de los otros autores, pero se dice que Lorca era homosexual y uno podría preguntarse si sentía una afinidad con las minorías o la gente marginada, o se podría decir que es una gran casualidad que hay muchos rasgos en común entre Bernarda y El Caudillo. Y luego, la conclusión es que Lorca ¡debe haber sido vidente!

- **Muy bien, muy bien… Has mencionado las normas que imponía Bernarda en su casa y también has mencionado a Franco. ¿Qué consecuencias sufría alguien que intentaba rebelarse contra las normas, tanto en La Casa como en… como bajo Franco?**
- Pienso que es muy interesante que podemos decir que Bernarda es una premonición de Franco y también podemos decir que Adela y también Lorca son premoniciones de los castigos de lo que pasaba bajo Franco porque Adela y… se suicidió y Lorca era matado a causa del régimen y las ideas de Franco porque los dos iban contra el régimen. Luego, podemos ver que había rebeliones contra el régimen como el grupo Mujeres Libres que… que lucharon para la libertad de las mujeres. Era un grupo anarquista y podemos ver que…que había rebeliones pero no mucho porque los… los castigos eran muy severas.

- **Bien, bien… ¿y cuáles… cuáles son las actitudes hacia el matrimonio en La Casa de Bernarda Alba?**
- Los…los pensemientos son muy… muy…restrictadas pero estamos hablando de… de problemas que tienen raíces muy arraijadas en el culturo España… español porque es un país muy católico. Luego, los pensamientos en la obra son como las ideas de… de la Iglesia que las mujeres deben casarse, pero también que es la hija mayor de la familia que debe casarse… que debe ser el primero de casarse.

- **¿Y cuándo dirías que empezaron a cambiar estas actitudes en España?**
- Diría que… las… las condiciones cambian solamente después de Franco porque cuando Franco era dictadora… las mujeres, por ejemplo, no era divorcio y el aborto era ilegal y no se vendían anticonceptivos y las mujeres se versaron muchos… muchas problemas, muchos problemas, perdón. Y luego diría que es solamente hoy en día que gracias a Dios podemos decir que hay cambios para las mujeres.

- **Y una última pregunta sobre… sobre Lorca. Pretendía en esta obra, bueno, que se viera la obra como un documental, ¿verdad? ¿qué cualidades teátricas empleó para dar esa sensación al público?**
- Se puede decir que la… la obra es como una fotografía de…del paisaje y del… del campo porque la… la escena es muy… es muy claro porque no hay color y hay una falta de color que uno podría decir que el color puede representar el amor o el pasión, por ejemplo si había el rojo. Pero todo es…es blanco y luego… puede… y todas las hijas deben quedarse en casa, luego (_se_) puede ver la escena completamente de… de… de sus vidas.

- **Muy bien… vamos a continuar hablando de mujeres pero de unos… unos ángulos un poco diferentes. ¿Sabes que este año es el cumpleaños de Barbie y que ha cumplido cincuenta años? ¿Qué opinas de Barbie como la imagen ideal de la mujer?**
- ¿Es su… su cumpleaño de cien años?
- **Cincuenta**
- Cincuenta… Pienso que su… su cumpleaño muestra que la idea de Barbie es… es quizás… es un poco… la idea que es quizás es un poco vieja porque es importante que tengamos en cuenta que hoy tenemos muchos modelas más… más importantes para los niños que Barbie porque Barbie muestra una idea de la mujer bastante anticuada y me gustaría pensar que hoy tenemos… ideas como las mujeres, por ejemplo, en el Gobierno Zapatero, que muestran que las mujeres pueden llegar a niveles más altos hoy, que… que Barbie, que es un ejemplo de la mujer con su marido Ken y…

- **¿Y en general crees que los medios de comunicación apoyan la imagen de las ministras de Zapatero o apoyan la imagen de Barbie?**
- Creo que hay un conflicto entre los dos porque por ejemplo las modelas hoy en día son muy delgadas y muestran una imagen de la mujer que no es muy… muy verdad con el resto del mundo. Pero también hay… hay buenos ejemplos de mujeres como por ejemplo en Francia… Rachida Dati es una mujer muy fuerte y luego diría que hay una división entre los dos pero podemos decir que los… las medias promueven los dos.

- **Tú… tú vas a seguir estudiando idiomas en la universidad, ¿no?, ¿qué relevancia tienen en el mundo laboral hoy en día los idiomas?**
- Pienso que si… si no hablamos… si no podemos hablar… es muy importante que podamos hablar lenguas porque si no hablamos las lenguas, las fronteras y las barreras entre los países augmentarán porque, por ejemplo, en esta crisis actual de economía es… quiero… es importante que hablemos entre los… los países y tenemos comunicaciones entre los países. Pero si, por ejemplo, todo el mundo no puede hablar español, no pueden… no podemos tener comunicaciones entre el América del Sur y España y… pero si podemos hablar otras idiomas, las barreras serán rompiós

- **¿Y qué opinas de la decisión del gobierno británico, por ejemplo, de que los idiomas no sean obligatorios después de los catorce años?**
- En mi mente este… esta idea es completamente es una idea muy tonta porque… si… diría que las lenguas dan confianza en una persona, la capacidad de hablar en voz alta y… y no es solamente una pregunta del poder de hablar a otros… personas de otros países, es también una… una pregunta de competencias de hablar y si los niños no aprenden los… las leguas de una edad pequeña no tendrán competencias muy importantes.

- **Gracias, se nos ha acabado el tiempo.**

General comments on the Oral – final tips on how to improve your marks

Criteria A: Language

- Use a variety of topic-specific vocabulary and avoid inventing words!
- If you have to say dates, numbers or tricky words, practise them a lot so you don't stumble
- Use a variety of tenses and aim for at least a couple of subjunctives (prepare some generic phrases with the subjunctive that you can use in any context e.g. *No creo que sea*)
- Use idiomatic expressions
- Revise **ser / estar / haber**
- Use *No sólo…sino*
- **Remember!! el** problema, **el** tema, **el** sistema, **el** programa

Criteria B: Cultural Interaction

- Don't talk too fast, relax, pace yourself, take breaths and make natural pauses.
- Use fillers: ***mmm… eeh… bueno… pues… entonces… creo que… como ya he dicho…***
- Don't recite totally memorised sentences – you'll be penalised if it sounds rehearsed.
- Make a reasonable effort with pronunciation and intonation.
- Try to sound enthusiastic and speak clearly and confidently so that the recording is clear – remember, the examiner won't have the advantage of being able to see your facial expressions.
- Don't be afraid to repeat an idea with different vocab to stress your point or to explain vocab that is specialised using '***o sea***' (in other words)
- Treat the questions as a conversation rather than an interrogation:

es una buena pregunta	*es una pregunta difícil*
esto no lo había considerado pero	*discutimos siempre en casa de eso*
por una parte…por otra	*no hay una respuesta sencilla*
es más complejo de lo que parece	*no se puede generalizar*
es un tema polémico	*creo que la razón es que*
antes pensaba que… pero ahora…	*no sé / no estoy seguro/a*

Criteria C: Message

- Present your ideas, develop them and defend your opinions.
- Be imaginative, perceptive and original.
- Phrase things so they sound like your opinion - this way it's easier to get the subjunctive in:
    - *el gobierno ha aprobado una nueva ley* → *me parece bien que el gobierno haya aprobado esta ley*
    - *el presidente dijo que….* → *me pareció mal que el presidente dijera que…*
    - *es el problema más grave en España* → *no creo que haya otro problema tan grave en España*
- Avoid purely describing, narrating biographies, or reciting facts and dates.
- Demonstrate your background reading and cultural awareness in your response to questions by bringing in examples from things you have read or studied in your course.
    - *He leído un artículo en internet que dice que…*
    - *He visto una película española que presenta este tema…*
    - *En clase hemos estudiado un libro sobre…*
- Show a progression of 'complex' ideas especially at HL, by explaining, comparing, contrasting, analysing, hypothesising and evaluating.

esto significa que	*comparado con*
si estuviera en su lugar	*la consecuencia es que*

Chapter 4   Vocabulary & topics

The reason someone studying Spanish B in any given school will experience quite a different course from a student in any other IB school around the world, is that there is *no syllabus* in terms of topic areas. There is only *one* 'Guide' for all 20+ languages offered at Language B, including French, Norwegian, Mandarin, Arabic and Urdu. Therefore, it is generic and focuses on language *skills* rather than *topics*. This is quite logical, as the topic of Bullfighting might be highly relevant to Spain but it's not very relevant to Germany. This gives your teachers freedom to provide authentic materials of interest to you as a student of Spanish.

There is much that you can do outside the classroom to increase your range of vocabulary and cultural awareness. You need to read a lot, and widely, but this needn't be arduous. If possible, read online, as this is the quickest way to access material from the widest variety of sources. Try reading the culture oriented sections of online newspapers and magazines. When you do past paper reading comprehensions, look at the bottom for the source – it's often a website and this can give you a clue for the types of websites that the examiners browse! (See the back pages for more recommended websites.) If it all seems like an impossibly vast range of vocabulary to learn, remember you don't have to swallow a dictionary, you just have to develop strategies for dealing with unfamiliar words within the context, and *be prepared for the unexpected!* For ease of reference, we have divided this chapter into 2 sections.

SECTION A: Topic specific vocabulary. This section suggests a full range of topics to help you focus your reading and revision. There are a few points to remember when it comes to drawing up a list of Spanish topics to revise:

❖ The examiners try to come up with material that is relevant and interesting to an average 18 year old anywhere in the world, so think about **contemporary culture**, like **popular singers, body image, mobile phone technology, and recent movies in Spanish**. Bear in mind that predictable topics, like **sports**, are often covered from an unusual angle, for example an ancient or little known sport.

❖ The questions, both in Papers 1 & 2 often reflect the values of the IB Learner Profile, such as **responsible citizenship** and **being internationally minded**. So expect topics on **education, solidarity** and **environmental awareness**. Equally, the examiners don't want to offend cultural sensibilities and are *likely to avoid* highly controversial issues, like religion, abortion or capital punishment. The value of **reading, libraries and initiatives to improve literacy** is a very recurrent topic.

❖ One of the essential aspects of Spanish to consider is the range of culturally diverse countries and regions in which it is spoken, giving rise to a host of possible local topics and vocabulary peculiarities, such as **indigenous cultures of Latin America** or occasional words from the Basque or Catalan regions of Spain, as well as the Canary Islands and Balearic Islands.

SECTION B: Useful generic vocabulary. This section includes lists on how to express data such as statistics, idiomatic expressions, an A-Z of useful verbs, false friends, and for HL students, an essential glossary of literary vocabulary. Finally, we have given you an absolute guide to the most common vocabulary mistakes to avoid at all costs!

Before we get started however, we thought it best to include here a handy glossary to help you with the texts in Chapter 1 in order to save you time looking up words in the dictionary (although we do recommend that method too).

Chapter 1 Paper 1 practice text vocabulary

Acariciar: to stroke
Acudir: attend
Adiestrar: train
Afortunado/a: lucky
Ahorrar: to save (money/ energy…)
Aliado (el): ally
Alistarse: enrol

A menudo: frequently
Apestar: to stink
Arriesgarse: to take risks
Asimismo: similarly
Asqueroso: disgusting
Ausencia (la): lack
Azotar: to crush (literally: to whip)

Bostezar: to yawn

Cabina telefónica (la): phone box
Capricho (el): whim
Cariñoso: affectionate
Ceder: give up
Césped (el): lawn
Cisne (el): swan
Cobre (el): copper

Colgar: to hang
Comida basura (la): junk food
Comportarse: to behave
Consulta (la): doctor's surgery
Contratar: to hire
Coser: to sew
Costurero (el): tailor

Darse cuenta de: to realise
Denunciar: to report/ denounce, condem
De pie: standing
Derechos (los): rights

Desgastar: to wear out
Discurso (el): speech
Disfrutar: enjoy

Echar de menos: miss someone or something
Encuesta (la): survey
Enfoque (el): approach
Engañar: to deceive

Equivocarse: to make a mistake
Esclavo (el): slave
Esperanza (la): hope

Fiel: loyal

Fomentar: to promote/ encourage

Galpón (el): hut, shed (AmL)
Ganarse la vida: earn one's living

Gastos (los): expenses

Honrado/a: honest

Hormiguero(el) : anthill

Lacra (la): blight

Latido (el): heartbeat

Malgastar: to waste
Mandioca (la): tapioca
Manifestación (la): demonstration
Mantener la calma: to keep calm

Molestar: to annoy
Mostrar: to show
Mudarse: to move to another place

Onda (la): wave

Padecer: suffer from
Pared (la): wall
Parto (el): labour (birth)
Pato (el): duck
Pensamiento (el): thought

Permitir: allow
Permitirse: to afford
Poner a prueba: to test
Preso (el): prisoner

Quedarse: to stay
Queja (la): complaint

Quejarse: to complain

Recuperarse de: recover from
Resfriado(el): cold
Rodilla (la): knee

Ronroneo (el): purring
Ruido (el): noise

Sindicato (el): trade union
Sin lugar a dudas: undoubtedly

Sombra: shadow / shade
Soportar: to stand

Taller (el): workshop
Tener miedo: to be afraid of
Tener sentido: to make sense

Terrateniente (el): landowner
Tratar de: to try to do something
Tregua (la): truce

Ya: already (translates as "yet" in
interrogative and negative sentences)

Zonzo: silly

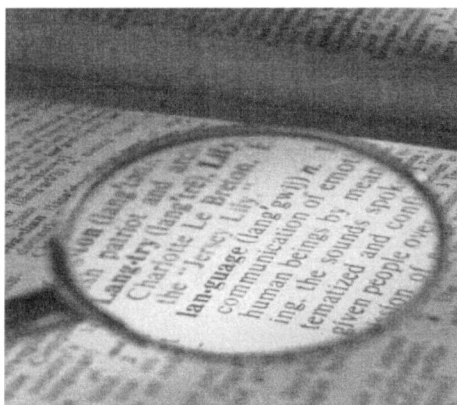

SECTION A: Topic specific vocabulary

las relaciones familiares

la brecha generacional
mostrar respeto hacia los adultos
los menores / mayores de edad

los medios de comunicación

el periódico
las revistas
la prensa
navegar por Internet
el consumismo
dejarse influir por los medios

la educación

los sistemas educativos
el Bachillerato Internacional
la universidad
la carrera universitaria
los idiomas
un año sabático
las asignaturas obligatorias
el proyecto CAS
la teoría del conocimiento
el acoso escolar
la violencia en las aulas
los deportes
el valor del esfuerzo
las instalaciones deportivas

Temas relacionados con los jóvenes

la salud

los trastornos alimenticios
la anorexia y la bulimia
la belleza
la cirugía plástica
las dietas
el acné
las drogas
el tabaco
hacer un botellón
emborracharse

las reflexiones personales

la nostalgia
las aspiraciones para el futuro
el amor
el matrimonio
la felicidad
la longevidad
objetos misteriosos
hacer balance

la cultura

la lectura
el teatro
el cine

la tecnología

la ciencia
la informática
los móviles (los celulares)
estar enganchado/a al móvil
las salas de chat
los cibercafés
comprar por internet

valores personales

el conocimiento
la curiosidad intelectual
el desarrollo de destrezas
el apredizaje
la compasión
la creatividad
tomar decisiones éticas
la comunicación
la integridad
la valentía
la justicia
la empatía
la independencia
el equilibrio

la ambición y los modelos a seguir

el comercio
el crecimiento económico
la inversión
la crisis económica
mundial
los sindicatos
los negocios
los científicos
los políticos
los escritores
los cantantes
los directores
los deportistas de élite
un sentido de responsabilidad
el valor del esfuerzo
lograr el éxito a pesar de
dificultades o enfermedades

Temas relacionados con el perfil de estudiante BI

la ciudadania y la solidaridad internacional

las actividades de CAS
las personas sin hogar
/ los sin techo
la longevidad
las ONGs
las organizaciones benéficas
los conciertos benéficos
los conflictos
internacionales
los famosos solidarios

el respeto hacia el medio ambiente

el turismo rural
el ecoturismo
el reciclaje
la contaminación acústica
la contaminación lumínica
la selva del Amazonas
la deforestación
los tsunamis
los terremotos
los medios de transporte
los animales en peligro de
extinción
los efectos del turismo
los desastres naturales

el poder hablar diferentes idiomas

el Spanglish
el programa Erasmus
el silbo gomero
la evolución del español
la gramática
la jerga de los mensajes de móvil
las lenguas en peligro de extinción
apreciar diferentes puntos de vista

Topics related to Spanish and Hispanic cultures

Paper 1 reading comprehension texts often deal with the topic of varieties of languages and cultures related to Spanish and while you are not expected to know anything about all these regional variations, a little research can help you feel more confident when confronted by vocabulary that looks nothing like the Spanish you may have seen in class.

Spanish is spoken in Spain (including the Canary and the Balearic Islands) and most countries in Latin America. A lasting legacy of its colonial past, Spanish is also spoken in Ecuatorial Guinea and the Phillippines. It's worth getting out an Atlas and familiarising yourself with all these places.

Within all of these countries, there are regional linguistic variations, for example, in Spain, *Galician*, *Catalan* and *Euskera* (*Basque*) are official languages alongside *Castilian* (*Spanish*). In Mallorca, for example, they speak *Mallorquí*, a dialect of *Catalan*, as well as Spanish.

In Latin America, you will find differences in common vocabulary. In Perú, for example, they use lots of diminutives e.g. cara → carita; rayo → rayita. In Argentina, they use *vos* instead of *tú*, with its own set of verb endings. Other examples include:

English	in Spain	differences in Latin America
a flat/apartment	*un piso*	*un departamento* in Mexico
a bedroom	*un dormitorio*	*una recámara* in Mexico
a bus	*un autobús*	*una guagua* in Canary Islands
a sandwich	*un bocadillo*	*una torta* in Mexico
an avocado	*un aguacate*	*una palta* in Chile
a swimming pool	*una piscina*	*una alberca* in Mexico
a swimming costume	*un traje de baño*	*una malla* in Argentina
cool	*guay*	*chévere* in Venezuela
		chido in Mexico

In the United States, in cities inhabited by millions of second-generation immigrants or Chicanos, you'll find *Spanglish* freely spoken between people who speak a mixture of English and Spanish. Some people are against this 'corruption' of languages and think that its speakers are unable to speak either language correctly. Others see it as an unstoppable phenomenon that is actually quite exciting or an inevitable evolution of language in the Internet age. Examples of Spanglish include:

Spanglish	English word	correct Spanish word
los jeans	jeans	*vaqueros / tejanos*
la aplicación	application	*el formulario / la solicitud*
checar / chequear	to check	*comprobar / averiguar / verificar*
clickear en el link	to click on the link	*pulsar el enlace*
la carpeta	carpet	*moqueta (una carpeta* is a folder*)*
rentar	to rent	*alquilar*
uerkaut	to work out	*hacer ejercicio*

In Latin America, there are hundreds, even thousands, of indigenous communities, all speaking different languages, and while some of these are totally isolated, others have an influence on Spanish spoken today. For example, in Mexico, many words are derived from *Nahuatl*, the ancient Aztec language, such as *chocolate*, which is derived from *xocolatl*.

sus culturas y sus lenguas
their cultures and languages

ancianos/mayores *elders*
los antepasados *ancestors*
la torre de Babel *a melting pot of languages*
el Cono Sur *the Southern Cone (Chile / Argentina)*
los estereotipos *stereotypes*
el idioma indígena *indigenous language*
las poblaciones *communities*
ubicarse *to be located*

sus artesanías y gastronomía
their crafts and food

la artesanía *crafts*
un artesano *artesan*
la caza *hunting*
la pesca *fishing*
los cultivos *crops*
la desnutrición *malnutrition*
la madera *wood*
las telas *fabrics*

Temas relacionados con las culturas indígenas de Latino América

su comunicación con el exterior
their comunication with the outside world

amenazar *to threaten*
amenazado *threatened*
el atraso *backwardness*
una campaña *campaign*
colonos *colonists, settlers*
compañías madereras *logging companies*
un desafío *challenge*
desaparecer *to disappear*
el desarrollo *development*
el ejército *army*
explotar *to exploit*
extinguirse *to die out*
foros internacionales *international forums*
las fronteras *frontier, border*
la estabilidad *stability*
la globalización *globalisation*
las guerillas *guerillas, rebel army*
marginado *marginalized, excluded*
la pobreza/miseria *poverty*
el progreso *progress*
pueblos primitivos *primitive peoples*

la preservación de su modo de vida
preservation of their way of life

una aldea *remote village*
antaño *yesteryear*
los campesinos *peasant /farmers*
los dirigentes/líderes *leaders*
enriquecedor *enriching*
luchar por *to fight for*
preservar *to preserve*
las raíces *roots*
reivindicar *to re-claim what is rightfully yours*
respetar *to respect*
sabio *wise*
sagrado *sacred*
la Selva Amazónica *Amazon rainforest*
la tierra *land*
las tradiciones *traditions*

la educación y el futuro de sus niños
their children's education and future

apoyar *to support*
la asistencia al colegio *school attendance*
el analfabetismo *illiteracy*
las esperanza de vida *life expectancy*
la riqueza cultural *cultural richness/diversity*

Mapa de culturas indígenas de Latinoamérica

Google these indigenous communities and place them on the map:

los Aymará	los Maya	los Mapuche	los Kuna
	los Inca (lengua *Quechua*)	los Azteca (lengua *Náhuatl*)	
los Caribes	los Nukak	los Shipibo	los Guaraníes

To learn more about the different varieties of Spanish and Indigenous cultures, we recommend the following websites:

- **http://www.vaucanson.org/espagnol/linguistique/lenguas_mundo.htm** (comprehensive information about Spanish around the world)
- **http://lanic.utexas.edu/la/region/indigenous/indexesp.html** (Latin American Network Information Centre with links to many websites devoted to indigenous cultures)

SECTION B: Useful generic vocabulary

How to deal with facts & figures

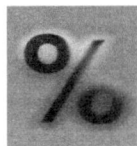

Paper 1 reading comprehensions are often articles and reports with statistics, figures and trends. While the content is not complicated, familiarisation with the following expressions will help you navigate your way through such texts with more confidence. The following table will show you how to read and use percentages, dates, web pages and email addresses. We have also included some good sentences to deal with statistics so that you can impress the examiners by providing a few facts, either in your oral or your Paper 2, if relevant.

Porcentajes y estadísticas	
10%	el diez por ciento
25%	el veinticinco por ciento / un cuarto (1/4)
33,3%	el treinta y tres coma tres por ciento / una tercera parte / un tercio (1/3)
50%	el cincuenta por ciento / la mitad
75%	el setenta y cinco por ciento / tres cuartos (3/4)
</>50%	más/ menos de la mitad
100%	el cien por cien
Ejemplos	
Las emisiones de gases deberán reducirse entre un 75 y 95% antes de 2050.	
Las estadísticas demuestran que la cifra de víctimas de malos tratos ha aumentado considerablemente en los últimos años.	
El 40% de los jóvenes encuestados dice/ afirma haber sufrido acoso escolar.	
El problema parece mayor entre chicas.	
Casi la mitad de los votantes está a favor de la nueva ley, pero el resto la rechaza.	
Según una encuesta reciente, hay que echar la culpa a los padres / los profesores / al gobierno.	
Lo que más preocupa la gran mayoría de la población es la falta de consistencia entre los políticos.	
Es necesario hacer hincapié en el hecho de que aún hay presos políticos en algunos países del mundo.	

Fechas	
30.10.1784	El treinta de octubre de mil setecientos ochenta y cuatro
4.1.1991	El cuatro de enero de mil novecientos noventa y uno
22.9.2010	El veintidós de septiembre de dos mil diez

Páginas web	
www.ocado.com	Doble uve-doble uve-doble uve- punto-ocado-punto-com
www.los40.es	Doble uve-doble uve-doble uve- punto-los cuarenta-punto-es

Direcciones de correo electrónico	
Patricia_marina@yahoo.es	Patricia con P mayúscula-guión bajo-marina con m minúscula- arroba-yahoo-punto-es

Idiomatic expressions

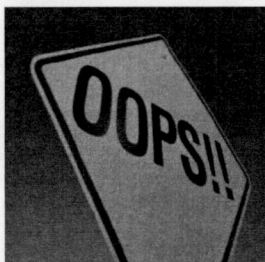

Examiners like to see you using idiomatic expressions, which are turns of phrase which cannot be translated literally. This is no mean feat as you only really get to grips with them when you spend time in the country. To show you what we mean, we've already used 3 idiomatic expressions: "turns of phrase", "no mean feat", and "to get to grips with" are all idiomatic expressions, which if translated literally into Spanish as "vueltas de frase", "ninguna hazaña mezquina" and "conseguir apretones con" mean *absolutely nothing*!

Idiomatic expressions are *not* the same as sayings and proverbs, which, if you try to sprinkle into your writing looks very contrived and doesn't usually work.

Here are some very useful and common idiomatic expressions which you can incorporate in your writing and oral:

quedarse en blanco	
Estaba tan nervioso que *me quedé en blanco* y olvidé mi número de candidato del BI.	*I was so nervous I went completely blank and forgot my IB candidate number.*
por nada del mundo	
Aunque a veces es muy estresante, no cambiaría mi trabajo *por nada del mundo.*	*Although it is very stressful at times, I wouldn't change my job for anything in the world.*
de momento	
De momento he hecho cuatro de los ocho ejercicios.	*I've done four out of the eight exercises so far.*
volver a + infinitivo	
Voy a *volver a leer* el texto porque aún no entiendo bien de qué trata.	*I'm going to read the text again because I still don't understand what it's about.*
poner trabas a	
Espero que nadie *ponga trabas* al proyecto.	*I hope no one puts a spanner in the works.*
para colmo	
El vuelo se retrasó, hubo muchísimas turbulencias y *para colmo* perdieron mis maletas.	*The flight was delayed, there was a lot of turbulence and to top it all off, they lost my luggage.*
acabar de + infinitivo	
La policía acaba de detener a tres miembros de la banda terrorista ETA.	*The police have just arrested three members of the terrorist organisation ETA.*
llevar a cabo	
El gobierno planea *llevar a cabo* una reforma de la ley del aborto.	*The government is planning to carry out a reform of abortion law.*
tener algo que ver con / no tener nada que ver con	
El robo del dinero *no tiene nada que ver con* ellos.	*The theft of the money has got nothing to do with them.*
hacerse a la idea de algo	
Aún no *me he hecho a la idea de* que el próximo año voy a vivir en Estados Unidos.	*I still haven't got used to the idea that next year I'll be living in the States.*
hacer caso	
No hicieron caso de las advertencias y se metieron en problemas.	*They ignored the warning signs and got into trouble.*
por mucho que + subjuntivo	
Por mucho que lo intente, no conseguiré terminar antes de las diez.	*However hard I try, I'm simply not going to finish before ten.*

A-Z of useful verbs!

Vary your verbs as much as possible and avoid overusing the usual *hacer, tener, pensar, querer*

- A -

acercarse – *to approach*
acompañar a – *to accompany*
acordarse de – *to remember*
adquirir – *to acquire*
aguantar – *to put up with*
aislar – *to isolate*
alcanzar – *to reach*
alejarse – *to move away from*
apetecer – *to feel like*
apoyar – *to support*
aprender – *to learn*
aprovechar – *to make the most of*
atender – *to serve*
asegurar – *to ensure*
asistir a – *to attend*
asustar – *to shock, frighten*
averiguar – *to ascertain, find out*

- C -

comenzar – *to begin*
comprender – *to understand*
conseguir – *to achieve*
continuar – *to continue*
crear – *to create*
crecer – *to grow, grow up*
creer – *to believe*
criar – *to bring up*
cumplir – *to fulfill*

- D -

darse cuenta de – *to realise*
desaparecer – *to disappear*
destacar – *to highlight, emphasise*
desviar – *to deviate*
dirigirse a – *to address someone*
dudar – *to doubt*

- E -

empezar – *to begin*
encerrarse – *to lock away*
enseñar – *to teach*
entender – *to understand*
enterarse de – *to hear about something*
entregar – *to give in*
equivocarse – *to be mistaken*
exigir – *to demand*
evitar – *to avoid*
extenderse – *to spread out*

- F -

fallecer – *to die*
fomentar – *to foster, encourage, foment*

- G -

gozar – *to heartily enjoy*

- H -

hallar – *to find somewhere*

- I -

ignorar – *to not know*
impedir – *to prevent*
intentar – *to try*
interrumpir – *to interrupt*

- L -

lograr – to *achieve, to manage to do*

- M -

mandar – *to send by post, to give orders,*
to boss about
morir – *to die*

- O -

ocurrir – *to happen*

- P -

parecer – *to seem*
perdurar – *to last*
permanecer – *to remain*
preocuparse por – *to worry about*
pretender – *to hope to achieve*
prevenir – *to warn*
probar – *to try out, to try on*
proporcionar – *to provide*

- Q -

quejarse de – *to complain*

- R -

recordar – *to remember*
rendirse – *to give up, to give in*
retroceder – *to retreat*
rogar – *to beg*

- S -

señalar – *to point out*
sobrevivir – *to survive*
sonreír – *to smile*
soportar – *to put up with*
subrayar – *to underline*

- T -

temer – *to fear*
topar con – *to come across, encounter*
tratar – *to attempt, to try, to deal with*

- V -

vacilar – *to hesitate*
valer – *to be worth*
vigilar – *to keep watch over*

¡Amigos falsos!

español	inglés	vs	English	Spanish
en absoluto = at all / absolutely not			absolutely = totalmente	
actual, actualmente = current, currently			actual = real, el mismo	
asistir = to attend			to assist = ayudar	
atender = to serve, attend to (eg doctor)			to attend = asistir a	
una campaña = campaign			countryside = el campo	
un compromiso = commitment			a compromise = un acuerdo	
contestar = to answer, reply			to contest = contender	
desgracia = a misfortune			a disgrace = una vergüenza	
decepcionar = to disappoint			to deceive = engañar	
disgusto = displeasure			disgusting = asqueroso	
embarazada = pregnant			to be embarrassed = tener vergüenza	
emocionante = exciting			emotional/moving = emotivo	
éxito = success			exit = salida	
fútil = trivial, insignificant			futile = inútil	
ignorar = to be unaware of*			to ignore = no hacer caso a	
inconsecuente = inconsistent			inconsequential = intrascendente	
introducir = to put in, put into effect			to introduce someone = presentar a	
molestar = to bother			to molest = atacar a, abusar de	
pretender = to try			to pretend = hacer ver que, fingir	
real = royal			real = verdadero	
realizar = to achieve a goal			to realise = darse cuenta de	
recordar = to remember / remind			to record = grabar	
sensible = sensitive			sensible = sensato	
soportar = to put up with, to bear			to support = apoyar, sostener	

* it does also mean to deliberately ignore

HL glossary of literary vocabulary

Check out the following vocabulary list if you are doing HL. It contains all the trickiest vocabulary which has come up in past Text Cs as well as our own suggestions. It might look daunting and you won't learn them all today, but you might want to pace yourself and learn 10-20 a day or simply read through the list everytime you are too tired to do anything else. The good news is that you will not be expected to use any of these words, but it will definitely help if you can recognise them

- A -
acantilado – *cliff*
acariciar – *to caress*
acurrucarse – *to curl up*
adivinar – *to guess*
afán – *diligence, desire*
aguardar = esperar – *to wait for*
agujero – *hole*
ahogarse – *to drown, suffocate*
alba – *dawn*
con alborozo – *with sheer joy*
alma – *soul*
amanecer – *sunrise*
amparar = cobijar – *to shelter, protect*
anacrónico – *anachronistic*
analfabeto – *illiterate*
anhelar – *to desire vehemently*
apoderarse de – *to seize control of*
apurar = apresurar – *to hasten*
arrastrar – *to drag*
arrodillarse – *to kneel*
arrojar = lanzar = echar – *to throw, hurl*
arroyo – *stream, brook*
arruinar – *to ruin, spoil, bankrupt*
atar – *to tie up*
atardecer – *sunset*
atemorizar – *to frighten*
atreverse a – *to dare to*
atónito – *amazed, astonished*
buen/mal augurio – *good/bad omen*
avergonzado – *ashamed, embarrassed*
azahar – *orange blossom (símbolo de virginidad)*

- B -
balbucear – *to stammer*
barajar – *to consider other possibilities (also to shuffle cards)*
bullicio – *noise, hustle and bustle*

- C -
casualidad – *coincidence, chance*
caudaloso – *plentiful (eg: river)*
cielo – *sky, heaven*
cigüeña – *stork*
cólera – *anger*
contemplar – *to contemplate*
crepúsculo – *twilight or dusk*
en cuclillas – *to squat, crouch*
cuna – *cradle*

- D -
deleitarse – *to delight in*
deleite – *placer*
desamparado – *forsaken, abandoned*
pasar desapercibido – *to go unnoticed*
desazón – *anxiety, uneasiness*
desgraciado – *wretched*
deslumbarar – *to dazzle*
despedirse de – *to say goodbye*
desperezarse – *to stretch (your limbs)*
disculpar – *to excuse*
disfrazado – *disguised, dressed up*
disimular – *to pretend, conceal*
don – *talent, gift*
dueño – *owner*

- E -
embriaguez – *drunkeness*
empeñarse en – *to insist, persist*
enaguas – *petticoat*
enamorarse de alguien – *to fall in love*
enajenar – *to drive crazy, alienate*
endiablado – *possessed, perverse*
engañar – *to deceive*
enloquecedor – *maddening*
enojo – *anger*
enredarse – *to get entangled*
enrojecer – *to blush*
ensimismamiento – *self absorption*
envenenado – *poisoned*
envidioso – *envious*
erguirse – *to sit/stand up straight*
erizar – *to make stand on end*
esconder – *to hide*
a escondidas – *secretly*
escudriñar – *to scrutinize*
estremecer – *to make...tremble*
exigir – *to demand*
extenuado – *exhausted*

- F -
fatigar – *to tire out*
florecer – *to bloom, blossom*
forastero – *outsider, stranger*
frotar los ojos – *to rub one's eyes*
fusilar = disparar – *to shoot, execute*

- G -
gemir – *to moan*
guiñar – *to wink*

- H -

hallar(se) – *to find (oneself) somewhere*
hallazgo – *a great find*
hazaña – *feat, achievement, prank*
hervidero – *swarm, hotbed*
holgazán – *lazybones, layabout*
hosco – *sullen, moody*
huérfano – *orphan*
huir – *to flee*
hundirse – *to drown, go under*
hacer ilusión – *to be looking forward to*

- I -

indagar – *to investigate*
ingenioso – *ingenious, witty*
inquieto – *restless, anxious*
insólito – *unheard of, most unusual*
intrépido – *intrepid*
inverosímil – *implausible*
irrumpir en – *to burst in*

- J -

juguetón – *playful*
jurar – *to swear*

- L -

lanzar – *to throw, to launch (a record)*
largarse – *to get out as fast as possible*
lástima – *pity*
a tres leguas – *about 10 miles*
lejano – *far away*
pedir limosna – *to beg*
llamativo – *striking, eye-catching*

- M -

maldecir – *to curse*
malvado – *wicked*
manso – *smooth, gentle, calm*
manzana – *block of houses (or apple)*
marchitar – *to wither or fade away*
mayordomo – *butler*
mendigo – *beggar*
menosprecio – *contempt*
mezquino – *stingy, miserly*
misericordia – *mercy*
mugriento – *filthy*

- O -

oración – *prayer (or sentence)*
ombligo – *bellybutton, the centre*
a orillas de – *on the shore, bank of*
oscurecer – *to get dark*

- P -

padecer – *to suffer*
parir – *to give birth to*
parpadear – *to blink, bat your eyelashes*
pecado – *sin*
en la penumbra – *in semidarkness*
piedad – *pity*

pisotear – *to trample over*
plegaria – *humble and fervent begging*
potenciar – *to strengthen, promote*
praderas – *meadows, prairies*
privarse de algo – *to deprive oneself of*
puñetazo – *punch*

- Q -

querella – *dispute*

- R -

rabia – *rage*
rasgos – *traits*
recelo – *suspicion, distrust, fear*
a regañadientes – *reluctantly, grudgingly*
relámpago – *lightening*
rememorar = recordar – *to remember*
resplandor – *radiance, brilliant light*
resbalar – *to slip, skid*
rezar – *to pray*
risueño – *cheerful, provokes joy*
rodear – *to surround*
rozar – *to brush past*
rumbo – *in the direction of*

- S -

sacudir – *to shake out*
saltimbanquis – *acrobat*
santiguarse – *to cross one-self*
sembrar – *to sow seeds*
semejante – *such, similar*
sigiloso – *quiet*
soberbio – *proud, mighty*
sobresaltos – *something that startles*
soñoliento – *sleepy*
sordomudo – *deaf and dumb*
susurrar – *to whisper*

- T -

tartamudear – *to stutter*
temporal = tempesta – *storm, rainy spell*
tinieblas – *darkness, shadows*
torpeza – *blunder, clumsiness*
tragar – *to swallow*
tropezar con – *to stumble upon*
tumbarse – *to lie down*
turbar – *to disturb, unsettle*

- V -

valeroso – *brave, noble*
varón – *male* (hembra – *female*)
venturoso – *happy, fortunate*
viuda – *widow*

- Y -

yacer – *to be lying, reclining*

- Z -

zambullirse – *to plunge in, immerse oneself*
zozobra – *anxiety*

Please, please, please, don't make these mistakes...

😰	😊👍	✍️
"Mi tèlèphono mobile"	Mi **teléfono móvil**	There is no way you can have more than one accent in a Spanish word. Also, accents ALWAYS go upwards from left to right. There is no "ph" in Spanish- we use "f" instead. Finally, *móvil* comes from the verb *mover* (to move) so it is written with *v*.
"Éramos en el autobús"	**Estábamos** en el autobús. Otro ejemplo: **Estoy** en Nueva York	Whenever you are referring to location/ position, use the verb *estar*, never *ser*.
"Un otro artículo"	**Otro** artículo Otro ejemplo: **Otra** canción	Not much to say on this one, really. The combination *un + otro/ una + otra* is simply very wrong...
"Más mejor" / "más peor"	**Mejor / Peor**	Otherwise you would be saying "more better" / "more worse"
"Mi mejora amiga"	Mi **mejor** amiga es Ana Otro ejemplo: Mis **mejores** amigas son Laura y Patricia	*Mejor* and *peor* do not have feminine forms. They do have plural forms, though, so you can say *mis mejores amigos/as.*
"La gente son"	La gente **es** simpática Otro ejemplo: La gente **odia** las mentiras	Although you are referring to more that one person when you say gente, the actual word is singular. So you should either go for *Las personas que <u>viven</u> en Londres* or *La gente que <u>vive</u> en Londres*
"Me lo encanta"	¿Comes carne? Sí, **me encanta.** Otro ejemplo: **Me encanta** el té verde.	Remember that impersonal verbs like *encantar*, *gustar*, *chiflar* and *interesar* work in a different way. You do not need a direct object pronoun at all.
"Me gusto la natación"	Me **gusta** la natación Otro ejemplo: No me **gustan** los ratones.	If what you like is singular, use *me gusta*. If it is plural, go for *me gustan*. Also, you can be accused of being vain... as *me gusto* actually means *I like myself...*
"La problema" /"La día"/ "La programa"/ "La tema"	**El** problema / **El** día / **El** programa / **El** tema	Although they all look very feminine, they are all very masculine indeed

"Mis padres les gustan los museos"	**A** mis padres les gustan los museos Otros ejemplos: ¿**A** ti te gusta la profesora? **A** nosotros no nos gusta.	When you are including the name of the person you are talking about or refer to them in any way, remember a little "a" before. That is: *A +* whoever you are talking about *(Alberto, ellos, mi primo…) +* your impersonal pronoun *(me/ te/ le/ nos/ os/ les) +* your impersonal verb
"No es necessito ir al hospital"	No es **necesario** ir al hospital or No **necesito** ir al hospital	You've got two options here: you can either use the adjective *necesario (to be necessary)* or the verb *necesitar (to need)*. However, remember that you can only double four consonants in Spanish, the ones in the name **CaRoLiNa**! So no more "ff", "ss", "pp"…
"Mi vestido está blanco".	Mi vestido **es** blanco. Otros ejemplos: Mi perro **es** negro. El dormitorio **es** grande.	When you are describing something that is not very likely to change once and again, go for the verb *ser* rather that *estar*. Save *estar* to talk about states (being tired, happy, sad, closed, ill…)
"Mi gato está muerte".	Mi gato **está** muerto. Otro ejemplo: La **muerte** de su amigo le afectó mucho.	*Muerte* means *death*, whereas *muerto/a* means *dead*.
"Gracias para tu letra."	Gracias **por** tu **carta.** Otro ejemplo: La **letra** de la canción es bastante buena.	After *gracias*, ALWAYS use *por*. Also, remember that *letra* can either be the lyrics of a song or the letters of the alphabet, but not a letter that you write and send to someone! That is *una carta!*
"Unos meses pasados fui a Granada".	**Hace unos meses** fui a Granada. Otro ejemplo: **Hace una hora**/ tres días.	This is simply how you say *a few months ago*.
"Hay demasiados muchos coches".	Hay **demasiados** coches or Hay **muchos** coches	Go for one or the other, but not both.
"Mi hermano mejor se llama Tom".	Mi hermano **mayor** se llama Tom.	It is easy to say "my best brother" when you mean *my older brother*!

"El vestido cuesta veinticinco libros".	El vestido cuesta veinticinco **libras**.	Remember: *un libro* is *a book*, *una libra* is *a pound* (currency) and *libre* means *free* (as in *I am free to do whatever I want*)
"El paro no es el solo problema que tenemos"	El paro no es **el único** problema que tenemos Otros ejemplos: **Sólo** quiero un café. (I only want a coffee) Me me gusta sentirme **sola**. (I don't like feeling lonely)	*Solo/a* means *lonely* and *sólo* is the short versión of *solamente* (only). However, if you mean *the* only, go for *el único* or *la única*.
"Cuando era pequeño, nunca querría ir de excursión al campo".	Cuando era pequeño, nunca **quería** ir de excursión al campo" Pero… Si yo fuera tú no **querría** vivir en esa casa. (If I were you, I wouldn't want to live in that house.)	*Quería* is the imperfect tense (*used to want/ wanted*), whereas *querría* is the conditional (*would want to*)
"El clase amplio" / "El calle estrecho"	**La** clase ampli**a** / **La** calle estrech**a**	They are both feminine!
"Objectivo" / "Subjectivo"	**Objetivo / Subjetivo**	No *c* at all!
"Actualmente no me gusta mucho el pescado"	**En realidad** no me gusta mucho el pescado. Pero… **Actualmente** hay mucho desempleo en la Unión Europea.	*Actualmente* does not mean *actually*, it means *nowadays*. It is what we call a false friend.
"Si trabajas muy duro, sucederás en el futuro"	Si trabajas muy duro, **tendrás éxito** en el futuro. Pero… ¿Qué ha **sucedido**? (What has happened?)	The Spanish verb *suceder* is another false friend. It doesn't mean *to succeed*, but *to happen*. For *to succeed*, go for *tener éxito*.
"El Gobierno no realiza que la guerra es un error"	El Gobierno no **se da cuenta de** que la guerra es un error.	*Realizar* is yet another false friend. When you mean *to realise*, use *darse cuenta de*.
"Algunos niños ven mucho el televisión".	Algunos niños ven mucho **la** televisión.	Words ending in *–sión* and *-ción* are all feminine! (*la canción, la contaminación, la inmigración, la pensión…*)
"Las medias de comunicación son muy importantes"	**Los medios** de comunicación son muy importantes.	*Las medias* means *tights!* This person was probably referring to *the media…*
"No tenemos agua y también no tenemos comida"	"No tenemos agua y **tampoco** tenemos comida"	Just remember, *también + no=* *tampoco (~~también no~~)*

Chapter 5   Answers to all exercises

Chapter 1: Paper 1

Texto 1: Cómo mantener la calma en épocas de crisis *[12 puntos]*
1. azotar   2. una serie   3. a menudo   4. un buen pellizco   5. D
6. el dinero   7. tu hobby   8. tus amigos   9. B, D, G, H

Texto 2: Daniel *[13 puntos]*
1. A   2. D   3. B   4. C   5. D   6. B, D (en cualquier orden)
7. El tiempo había pasado demasiado rápido
8. Cómo podía ser tan difícil encontrar un trabajo interesante
9. Era demasiado joven   10. deje su currículum, ya le llamaremos
11. maloliente   12. convencido

Texto 3: ¡Hola a todos! *[10 puntos]*
1. resfriado   2. época   3. de nuevo   4. te equivocas
5. V: ¡no la soporto!   6. F: estoy deseando que llegue el día de mi graduación
7. F: un club muy pijo   8. examen   9. club   10. la abuela

Texto 4: Los jóvenes *[12 puntos]*
1. F   2. E   3. B   4. G   5. C
7. pegar ojo   8. no hay derecho   9. preocupante   10. delincuentes
11. a) nuestros hijos b) nuestros hijos

Texto 5: Ana Mercedes Baeza Hidalgo- Un modelo para todos   *[10 puntos]*
1. soñaban con mudarse   2. como esclavos   3. afección
4. les hablaba de su padre y de cómo vivió explotado
5. no da su labor por acabada
6. primer   7. siguiente   8. con   9. que   10. sin embargo

Texto 6: ¿Qué es lo que más le gusta de Londres? *[10 puntos]*
1. los gustos de los turistas van cambiando
2. está subiendo como la espuma/ subir como la espuma
3. callejear
4. las tiendas no tienen igual
5. los más pequeños
6. F: entre sus visitantes
7. V: (aunque) no hay turista que se resista (a sacarse una foto en una cabina telefónica)
8. V: a un mayor número de visitantes
9. C
10. B

Texto 7: La otra cara de la inmigración *[10 puntos]*
1. D   2. E   3. G   4. B
5. sabes que no tienes derechos   6. adorable
7. Es consciente de que cualquier día puede ser denunciada a la policía y repatriada
8. A, C, D

Practice Text C (1) *[11 puntos]*

1. se ensancha como un mar
2. se encrespaba en grandes olas locas
3. la canoa (cargada de agua y cogida de costado por las olas) no se hundió en el trayecto
4. Orgaz
5. Orgaz / el individuo
6. los libros
7. F: tronaba sobre el techo
8. F: ¡Qué interminable día! / Tenía la sensación de que hacía un mes que había salido de San Ignacio
9. efímera
10. las botas (de un hombre exhausto) resbalan sin avanzar
11. D

Practice Text C (2) *[11 puntos]*

1. el torso desnudo
2. creí que bostezaba o sufría un tic o del mal de San Vito / parecía una invención de los sentidos
3. (la solina) batía sin piedad
4. diminutas
5. (a) las hormigas
6. los párpados bajos
7. aproximarse / se habían aproximado
8. acechar / acechando
9. B
10. A
11. B

Written Response SL: Dr Perro, Dr Delfín

Communicative purpose: Formal written interaction (formal letter)

At SL, there is only one criteria for the Written Response. The letter should have opening and closing formulae appropriate for formal written interaction. The following details need to be included in the answer. At least 3 details need to be included to gain a level 5. At least 5 details need to be included to gain a level 9. Other details can be included in order to make the response more convincing, but they are not counted as essential details.

1. Este método se usa desde hace más de cincuenta años
2. El número de pacientes que desea probar estas terapias está aumentando
3. Los perros ayudan a fomentar la integración social y aumentan la confianza en la gente con inhibición social
4. Las terapias con gatos son recomendables en casos de estrés y timidez
5. Mirar a los peces elimina la ansiedad
6. Los animales de granja (conejos, gallinas, corderos) son indicados para pacientes tímidos porque aumentan la confianza

Model answer:

Ministerio de Sanidad
Calle Ávila
Madrid

30 de marzo del 2010

Estimado Señor Ministro:

Llevo muchos años investigando la terapia animal, una técnica inventada por un psiquiatra norteamericano hace unos cincuenta años. Ya existen muchas pruebas y parece que la introducción de estos métodos sería beneficiosa para la gente que sufre de timidez extrema o estrés, dos condiciones cada vez más comunes en España. Para poder ofrecer esto en mi consultorio médico estoy solicitando una subvención de 200.000 euros.

Para los pacientes tímidos, usaríamos perros porque ayudan a la gente a integrarse mejor en la sociedad y a tener más confianza. Los animales de granja, como gallinas, conejos y corderos, ayudan a la gente introvertida a aumentar la confianza en sí misma. Se recomienda también el tratamiento con gatos para no sentirse solo.

Los gatos también ayudan a la gente estresada, quienes también se benefician de mirar a los peces.

Como el número de personas que quiere probar la terapia animal aumenta cada año, espero que me concedan las subvenciones necesarias.

Quedo a la espera de sus gratas noticias.

Dr Alberto Reyes Martínez
Psiquiatría Salinas Molina

186 palabras

Written Response HL: Los jóvenes 'okupan' el Senado

Communicative purpose: Formal oral interaction (persuasive speech)

A: Cultural interaction
Formal register. The tone should convey a certain sense of urgency. The audience should be addressed as "ustedes" instead of the informal "vosotros". Proper opening and closing sentences expected.

B: Message
The following details need to be included. At least 4 details need to be included to gain a level 5. At least 8 details need to be included to gain a level 9. Other details can be included in order to make the response more convincing, but they are not counted as essential details.

1. La crisis económica no es nuestro único problema
2. La Cumbre Internacional de Copenhague sobre el cambio climático se celebrará en diciembre
3. Siguen una iniciativa de Intermón Oxfam llamada "Conectando Mundos"
4. 16.000 estudiantes de 17 países participaron en la elaboración de la propuesta
5. Quieren concienciar a los jóvenes de que todo lo que hacemos puede tener consecuencias en otros lugares
6. Denunciaron el predominio de los intereses económicos frente a los ambientales
7. Critican las relaciones desiguales e injustas entre el Norte y el Sur
8. Afirman que los sistemas públicos de transporte son insuficientes
9. Critican la ausencia de políticas de cooperación internacional para luchar contra la pobreza
10. Los jóvenes deben concienciar a los mayores y a los niños sobre cómo y por qué reciclar

Model answer:

Discurso, por María López

Distinguidos Señores y Señoras Senadores, buenos días:

Me llamo María López y he venido aquí, al Senado, para manifestar mi opinión sobre el Cambio Climático. Hemos venido 50 estudiantes, pero hablamos en nombre de 16.000 estudiantes en 17 países con quien ya hemos debatido durante los últimos 3 meses. Nos hemos inspirado por la iniciativa de Intermón Oxfam 'Conectando mundos'.

Creemos que la gente se preocupa más por la crisis económica que por el cambio climático y no estamos de acuerdo. ¡El cambio climático debe ser la prioridad!

Es imprescindible que nos demos cuenta de que cualquier cosa que hagamos tiene consecuencias en otros lugares. ¡Es injusto que haya tanta diferencia entre los países del norte y del sur! Debería haber más cooperación internacional para eliminar la desigualdad y la pobreza. Sabemos que es esto es muy difícil, pero no es imposible.

Algo más fácil es el reciclaje. Reciclar es tan fácil pero parece que la gente no entiende por qué debería hacer el esfuerzo. Nosotros queremos enseñarles por qué y cómo y dónde reclicar. Otro tema es el transporte – si fuera mejor, menos gente usaría su coche.

Nosotros los jóvenes sabemos que tenemos la responsabilidad de evitar el cambio climático. Si no lo hacemos en esta generación, será demasiado tarde.

Esperamos que cuando vayan ustedes a la Cumbre Internacional en Copenhague en diciembre, representen nuestras opiniones.

Gracias.   **232 palabras**

Chapter 2: Paper 2 - Key to vocabulary and grammar exercises

FOLLETO INFORMATIVO

Vocabulary

events	**los eventos**
festivals	**los festivales**
artists	**los artistas**
bands	**los grupos**
singer	**el cantante**
greatest hit	**el mayor éxito**
enthusiasm	**el entusiasmo**
melodies	**las melodías**
performances	**las actuaciones**
orchestra	**la orquesta**
tickets	**las entradas**
catchy	**pegadizo/a**
electrifying	**electrizante**
culminating	**culminante**
unforgetable	**inolvidable**
famous	**célebre**
to sound like	**sonar (suene – in present subjunctive)**

Grammar

get	**consigue**
don't miss out!	**¡no te lo pierdas!**
expect	**espera**
have a great time!	**¡qué lo pases bomba!**

FOLLETO CON CONSEJOS

Vocabulary

bike	**la bici**
seat	**el asiento**
tires	**los neumáticos**
way	**el camino**
cycle paths	**los carriles bici**
lights	**las luces**
hi-viz jacket	**la chaqueta reflectante**
helmet	**el casco**
gloves	**los guantes**
vehicles	**los vehículos**
traffic	**la circulación**
drivers	**los conductores**

Grammar

1. check (comprobar)	**comprueba**
2. don't forget (olvidarse)	**no te olvides**
3. adjust (ajustar)	**ajusta**
4. plan (planear)	**planea**
5. use (usar)	**usa**
6. don't be (ser)	**no seas**
7. wear (llevar)	**lleva**
8. ignore them (ignorarlos)	**ignóralos**
9. be (estar)	**esté**
10. make (hacer)	**haz**
11. be careful (tener cuidado)	**ten cuidado**
12. stay (quedarse)	**quédate**
13. try (intentar)	**intenta**
14. follow (seguir)	**sigue**
15. design (diseñar)	**diseña**
16. sign up (apuntarse)	**apúntate**
17. remember (recordar)	**recuerda**
18. participate (participar)	**participa**

"¡más vale prevenir que lamentar!"
= *Better to be safe than sorry!*

HOJA DE PUBLICIDAD

Vocabulary

Internet	**el Internet**
the Net	**la Red**
computer	**el ordenador**
work force	**el mercado laboral**
resources	**los recursos**
sources	**las fuentes**
email	**el correo electrónico**
social networking sites	**las redes sociales**
knowledge	**los conocimientos / el saber**
skills	**las destrezas**
website	**la página web**

Grammar

1. asistir (ellos)	**asistan**
2. empezar (ellos)	**empiecen**
3. terminar (ellos)	**terminen**
4. saber (ellos)	**sepan**
5. venir (ellos)	**vengan**
6. adquirir (tú)	**adquieras**
7. estar (usted)	**esté**
8. poder (ellos)	**puedan**

DECLARACIÓN A LA POLICÍA

Vocabulary

forest	**el bosque**
hiking	**hacer senderismo**
paths	**los caminos**
bonfire	**la fogata**
cigarette buts	**las colillas**
forest fires	**los incendios forestales**
trees	**los árboles**
birds	**los pájaros**
posters	**los pósteres**
signs	**las señales**

Grammar

1. poner	**ponían**
2. consistir	**consistía**
3. tener	**tenían**
4. deber	**debían**
5. dejar	**dejaban**
6. terminar	**terminaban**
7. tirar	**tiraban**
8. llevar	**llevaban**
9. escuchar	**escuchaban**
10. dar	**daba**
11. querer	**queríamos**

Cohesive devices

en primer lugar	**firstly**
finalmente	**finally**
cuando	**when**
encima	**furthermore**
dado que	**given that**
ya que	**as**
además	**in addition**
por ese motivo	**for that reason / because of that**
lo cual	**which**

DIARIO ÍNTIMO

Vocabulary

you know how much I like
ya sabes cuánto me gusta

I remember
a)recuerdo   b) me acuerdo de

it reminds me
me recuerda

it puts me in a good mood
me pone de buen humor

it makes me think about
me hace pensar en

it makes me miss
me hace echar de menos (extrañar in Latin America)

I feel
(me) siento

it all feels like a dream already
todo parece un sueño ya

to stop thinking about nonsense
dejar de pensar en tonterías

to make the most of
aprovechar

I'm sure that
seguro que

CUENTO CORTO / RELATO BREVE

Vocabulary

to hurry up	**darse prisa**
I realised	**me di cuenta de que**
to lie	**mentir / estar mintiendo**
to dream	**soñar**
I pinched myself	**me pellizqué**
to deceive	**engañar**
to hesitate	**vacilar**
until I can't stand up anymore	**hasta que no aguante más de pie**
I got such a fright	**me llevé un susto**
she went pale	**se puso pálida**
that I wasn't losing my marbles	**que no estaba perdiendo los papeles**
to take seriously	**tomar en serio**
all of a sudden	**en un abrir y cerrar de ojos / de repente**
to rush down the stairs	**descender rápidamente**

Grammar

If only school started at ten
Ojalá el colegio empezara a las diez

It was as if I wasn't there, as if I didn't exist
era como si estuviera allí, como si no existiera

I never could have imagined it would be possible
nunca podría haber imaginado que fuera posible

How was I going to be able to change
cómo iba a poder cambiar

Narrative devices

suddenly	**de repente**
still	**todavía**
since	**desde**
at first	**al principio**
so, therefore	**así que**
three months ago	**hace tres meses**
so, therefore	**entonces**
when	**cuando**
as soon as	**en cuanto**
meanwhile	**mientras tanto**
however	**sin embargo**
gradually	**poco a poco**

CARTA INFORMAL

Vocabulary

voluntary work	**el trabajo voluntario**
volunteers	**los voluntarios**
developing country	**un país en vías de desarrollo**
to help	**ayudar**
organisation	**la organización**
poverty	**la pobreza**
teaching (verb)	**enseñando**
buildings	**los edificios**
I was a bit afraid	**tenía un poco de miedo**
I found it hard to imagine	**me costaba imaginar**
I didn't have a clue	**no tenía ni idea**
what I expected	**lo que esperaba**
I was totally wrong	**estaba totalmente equivocada**
I have realised	**me he dado cuenta de que**

I am so lucky	**tengo mucha suerte**
I shouldn't complain	**no debería quejarme**

Letter format

a) Lima, 16 de septiembre del 2009
b) Querida Isabel:
c) Gracias por tu última carta
d) Bueno, saludos a todos en Londres y
   escríbeme pronto.
e) Un abrazo,
f) Camila xx

CARTA FORMAL

Vocabulary

excursion	**la excursión**
coast	**la costa**
departure	**la salida**
a seat at the front	**un asiento delantero**
room	**una habitación**
air-con	**el aire acondicionado**
hot water	**el agua caliente**
return journey	**el viaje de vuelta**
quality	**la calidad**
to make a complaint	**presentar una reclamación**
she assured me	**me aseguró**
a total disaster	**un absoluto desastre**
I felt sick	**me mareé**
he refused	**se negó**
delay	**el retraso**
unacceptable	**inaceptable**
disgusting	**asqueroso**

Cohesive devices

En primer lugar	**firstly**
Cuando	**when**
Luego	**then**
Aunque	**although**
Como colofón	**to top it all off**
No obstante	**however**
Con lo que	**which meant that**
Hasta que	**until**
Finalmente	**finally**
Sobre todo	**especially**
Dado que	**given that**
Ya que	**as**

CARTA AL DIRECTOR

Vocabulary

fashion show	**el desfile de moda**
the latest edition	**la última edición**
thinness	**la delgadez**
designers	**los diseñadores**
size zero models	**las modelos de talla cero**
publicity	**la publicidad**
self esteem	**la autoestima**
self-destructing	**autodestruyéndose**
body	**el cuerpo**
eating disorders	**los trastornos alimenticios**
attitude / stance	**la actitud**

ENTREVISTA

Vocabulary

screen	**la pantalla**
film	**la película**
writer	**el escritor/la escritora**
enchanting	**encantador**
production	**la actualización/producción**
character	**el personaje**
book	**el libro**
culture	**la cultura**
customs	**las costumbres**
soul	**el alma**
scene	**la escena**
sense of smell	**el sentido del olfato**
imagination	**la imaginación**
legends	**las leyendas**
myths	**los mitos**
stories	**los cuentos**

Grammar
1) tuviera
2) pudiera
3) desapareciera

DISCURSO DE AGRADECIMIENTO

Vocabulary

training	**el entrenamiento**
the cup	**la copa**
motivating force	**la fuerza motivadora**
to admire	**admirar**

I was embarrassed	**me daba vergüenza**
athlete	**el atleta**
competitions	**los concursos**
team	**el equipo**
to get up very early	**madrugar**
to miss	**echar de menos**
medals	**las medallas**
determination	**la determinación**

Grammar
I never would have thought it were possible
nunca habría pensado que fuera posible.

My mother suggested that I sign up to
mi madre sugirió que me apuntara a los clubes de deporte

I tend to get worse grades than I really could if I had more time
suelo sacar peores notas de las que realmente podría sacar si tuviera más tiempo

I see the levels I could reach if I put all my determination into running
veo los niveles que podría alcanzar si pusiera toda mi determinación en correr.

She's sacrificed a lot for me so that I could live my dreams
Ella ha sacrificado mucho para mí para que yo pudiera vivir mis sueños

---

DISCURSO PERSUASIVO

Vocabulary

citizens	**ciudadanos**
hope	**la esperanza**
peace	**la paz**
the fight against/for	**luchar contra/por**
I feel passionate about	**me apasiona**
to appeal to	**apelar a**
to solve	**solucionar**
leaders	**los líderes**
damage	**el daño**
suffering	**el sufrimiento**
politicians	**los políticos**
power	**el poder**
campaigns	**las campañas**
NGOs	**las ONG**
civilians	**los civiles**

the Middle East	el Medio Oriente
weapons	las armas
hypocritical	hipócrita

Grammar

para que + presente del subjuntivo
para que ayuden...
so that they help...

para que nuestros hijos y nietos crezcan...
so that our children and grandchildren grow up...

es + adjetivo + que + presente del subjuntivo
Es imperioso que hagamos algo...
It's imperious that we do something...

si + imperfecto del subjuntivo + condicional
Si pudiéramos terminar la extensión del odio, podríamos conseguir...
If we could end the extension of hatred, we could achieve...

Si todos aportáramos nuestro granito de arena seríamos más poderosos...
If we all put in our grain of sand, we could be more powerful than...

CONFERENCIA

Vocabulary

support	apoyar
racial intolerance	la intolerancia racial
controversial	polémico
minority	la minoría
legally	legalmente
to start afresh	en busca de una nueva vida
hosts	anfitriones
ethnic diversity	la diversidad étnica
integrated	integrado
racism	el racismo
discrimination	la discriminación
barrier	la barrera
immigrants	los inmigrantes
courage	la valentía
to confront	enfrentarse a
encourage/promote	fomentar

raise awareness	concienciar
multiculturalism	el multiculturalismo

Grammar

a) hablar (nosotros)	**hablemos**
b) tener (nosotros)	**tengamos**
c) saber (yo)	**sepa**
d) quitar (ellos)	**quiten**
e) repetirse (ellos)	**se repitan**
f) hacer (nosotros)	**hagamos**

ARTÍCULO PARA LA REVISTA DEL COLEGIO

Vocabulary

waste of time	una pérdida de tiempo
I used to find it hard	me costaba
I'd get bored	me aburría
I'd get distracted	me distraía
For pleasure	por placer
My attitude	mi actitud
it's about	se trata de
taste	gusto
to escape	escaparse
influential	influyente
special powers	los poderes especiales
reading groups	los grupos de lectura
fictional character	un personaje ficticio
without embarassment	sin vergüenza
taboos	los tabúes
liberating	liberador

Grammar

Si + imperfect subjunctive + conditional
If I were asked... I would say...
Si me preguntaran... diría...

If you read it, you'd never again doubt...
Si lo leyeras... jamás volverías a dudar...

Indefinite antecedent
only 10% have not read a book that they have found memorable
sólo el diez por cien no ha leído ningún libro que haya encontrado memorable

identify with characters that have
identificarse con personajes que tengan condiciones similares

---

ARTÍCULO DE OPINIÓN

Vocabulary

victims	**los víctimas**
the Twin Towers	**las Torres Gemelas**
New York	**Nueva York**
loved ones	**los seres queridos**
events	**los acontecimientos**
terrorist attacks	**los atentados terroristas**
Americans	**los estadounidenses**
war	**la guerra**
cease-fire	**la tregua**
purpose	**el propósito**
headline	**el titular**
democracy	**la democracia**
deep-rooted	**arraigado**
instability	**la inestabilidad**
chaos	**el caos**
armies	**los ejércitos**
rate	**la tasa**
leaders	**los líderes**
withdraw the troops	**retirar las tropas**
governments	**los gobiernos**
AIDS	**el SIDA**
the UN	**la ONU**

ENSAYO / REDACCIÓN POR Y CONTRA

Vocabulary

fact	**el hecho**
is increasing	**aumentando**
dangers	**los peligros**
they don't realise	**no se dan cuenta de**
they refuse to	**niegan**
fault	**la culpa**
to binge drink	**hacer el botellón**
drug dealer	**el camello (slang)**
drug traffiking	**el narcotráfico**
naive	**ingenuo**
available	**disponible**
risks	**los riesgos**
peer pressure	**la presión del grupo**
cool	**chulo (enrollado / guay)**

young people/kids	**los chavales**
sensible	**sensato**
a serious problem	**un problema grave**
budget	**el presupuesto**
give a bad reputation	**dar mala fama a**
to be prepared to	**estar dispuesto a**

INFORME

Vocabulary

Student council	**el comité estudiantil**
meetings	**las reuniones**
growing disinterest	**el creciente desinterés**
worrying	**a) inquietante**
	b) preocupante
sense of community	**el sentido de la comunidad**
a survey	**la encuesta (/ el sondeo)**
statistics	**las estadísticas**
social skills	**las destrezas sociales**
team work	**el trabajo en equipo**
to encourage	**animar a**
to provide	**proporcionar**
to foment	**fomentar**
a good atmosphere	**un buen ambiente**

Grammar

1) sentirse (ellos)	**se sientan**
2) dar (ellos)	**den**
3) tener (nosotros)	**tengamos**
4) animarse (vosotros)	**os animéis**

menor**es**
demasiad**os**
mayor**es**
ofrecid**as**
estresad**os**
organizad**as**
mayor**es**
est**e**
extra-escolar**es**
otr**as**
nuev**as**

CRÍTICA DE CINE

Vocabulary

genre	**el género**
script	**el guión**
film	**la película**
provides the audience	**proporciona al público**
it's about	**se trata de**
plot	**la trama**
screen	**la pantalla**
characters	**los personajes**
scene	**la escena**
costumes	**el vestuario**
sound track	**la banda sonora**
ending	**el desenlace**
prize	**el premio**

Grammar

1) poder (ellos)	**puedan**
2) adaptar (él)	**adapte**
3) perder (él)	**pierda**
4) poder (él)	**pueda**

Chapter 3: Oral

Choosing a title for your presentation

1. A

2. B – a more focused title would be "El simbolismo en Guernica de Picasso"

3. B – a more focused title would be "El comunismo en Cuba:éxito o fracaso?"

4. C – choose either terrorism or the environment and relate it to Spain or a Spanish speaking country

5. C – needs to relate to a Spanish speaking country. Could discuss *el botellón* in Spain or drugs in Colombia.

6. A

7. B – could be too descriptive. A more focussed title would be "La arquitectura de Gaudí: ¿el mayor atractivo para los turistas en Barcelona?"

8. B – avoid just talking about someone's biography as it's too narrative. A more focussed title would be: "Como Nadal y Alonso han mejorado la reputación deportiva de España"

9. A

10. B – a more focused title would be "¿Ha perdido ETA el apoyo de los vascos?" or "¿Cómo el terrorismo afectó las elecciones del 2004 en España?"

11. C – topic is far too simplistic for IB SL or HL and requires no evidence of research

12. A

13. B – could be too descriptive. A more focused title would be "Como la cultura árabe influyó el flamenco en España" or "Es el flamenco un estereotipo irrelevante para la mayoría de los españoles?"

14. A

Translations

1. Siempre me han interesado los asuntos que tengan que ver con

2. Este tema empezó a interesarme después de que lo estudiáramos en clase

3. La primera vez que me enteré de esto fue cuando

4. Lo que más me interesa de esta película es la manera en que retrata

5. Me sorprendió mucho que fuera un problema tan grave en España

6. Nunca hubiera imaginado que fuera así

7. El gobierno debería hacer algo

8. Es imprescindible que el gobierno haga algo

9. Hay que concienciar a los jóvenes de los riesgos

10. Lleva mucho tiempo así / Es así desde hace mucho tiempo

11. Durante la dictadura de Franco / durante el franquismo

12. Hoy en día

13. En la actualidad

14. He estado siguiendo esta historia en las noticias

15. Estoy harta de ver y escuchar esta historia todos los días

16. Creo que los medios están generando pánico

17. Lo que no entiendo es

18. Estoy convencida de que

19. Creo que / pienso que

20. Sin lugar a dudas

Chapter 4: Vocabulary & topics

Indigenous cultures

Aymará	Bolivia, Chile, Peru
Maya	South of Mexico, Guatemala, Belize
Mapuche	South Central Chile, South West Argentina
Kuna	Panama, Colombia
Inca	Peru (language: *Quechua*)
Guaraní	North East Argentina, South West Brasil, Paraguay, Bolivia, Uruguay
Caribes	Guyuanas, North coast Venezuela, Colombia
Azteca	Central México (language: *Náhuatl*)
Nukak	Colombia
Shipibo	Peru

Recommended resources

Websites

www.rtve.es – Radio y Televisión Española – masses of short videos and news clips to practise your listening and broaded your grasp of current affairs.

www.elmundo.es – one of Spain's main newspapers - useful tabs with Spanish regional focus eg: Pais Vasco, Barcelona. The examiners love the education section on **http://aula.elmundo.es**

www.bbc.co.uk/spanish - this will take you to BBC Mundo, the Spanish section of the BBC World Service. With tabs on Culture and Society, Science and Tecnology, and Latin America, it really is ideal reading material for IB students.

www.guardian.co.uk/education/languageresourcesspanish - learn genuine phrases for talking about the news, politics, religion, social networking, gossip, and learn how to have an argument in Spanish.

www.elpais.com – one of Spain's most respected newspaper for news, but quite dry and difficult for students.

www.abc.es – one of the most well known national newspapers.

http://www.miarevista.es/ – A Spanish weekly magazine mainly about contemporary women's issues. It contains useful examples of different types of text written in a level of language very accessible to IB students eg: articles and letters to the editor, on pertinent topics such as health, tourism and solidarity.

www.worldpress.org – if you love news, this is the portal to practically every newspaper in the world, sorted by country, region and politica affiliation. Click on World Newspapers and Americas to see what's going on in Mexico, Costa Rica, Uruguay...

www.bbc.co.uk/languages/spanish/ - there are lots of 'useful fun' things here, like learning Spanish slang, but if you want to get on with it, we recommend the Reportajes which are divided by topic or grammar focus. Real articles adapted for the intermediate student of Spanish with exercises – check your answers and then listen to the audio version of the report.

www.rae.es – La Real Academia Española – the authority on the Spanish language.

www.wordreference.com – online dictionary.

Or just **Google** the grammar point you want to practise eg: "subjunctive in Spanish" and you will find any number of grammar revision pages.

Reference books (all available on Amazon)

Acción Gramática: New Advanced Spanish Grammar, by Mike Zollo & Phil Turk

501 Spanish Verbs by Christopher Kendris

Magazine subscriptions

Puerta del Sol Audio Magazine – if you are in the first year of IB it is still worth getting this bi-monthly magazine. Audio material you can upload to your iPOD, comes with a handy sized magazine of full transcripts as well as glossaries of useful / tricky vocab and idiomatic expressions used throughout. Many texts are useful for developing your mastery of Paper 2 tasks, such as interviews. Order it on **http://www.champs-elysees.com/products/spanish**

Authentik en español – a 32 page magazine with topical, authentic articles and 65 minutes of audio accompanied by full transcripts. Language exercises and answers included. Order it on **http://www.authentik.com**

Recommended reading for HL students

Short Story collections (all available on Amazon)

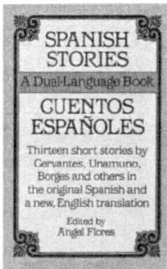

1. **Spanish Stories: Cuentos Espanoles** (A Dual-Language Book), edited by Angel Flores 1987. (Dover Publications, Inc., New York). *Includes stories by Cervantes (Spain), Unamuno (Spain), Jorge Luis Borges (Argentina)*

2. **Spanish-American Short Stories / Cuentos Hispanoamericanos** (A Dual-Language Book), edited by Stanley Appelbaum, 2005. *Includes stories by Rubén Darío (Nicaragua), José Martí (Cuba), Amado Nervo (Mexico), Rómulo Gallegos (Venezuela)*

3. **Spanish Short Stories: Cuentos Hispánicos: Volume 1** (Penguin Parallel Text Series) edited by Jean Franco, 1973. *Includes stories by Jorge Luis Borges (Argentina), García Márquez (Colombia), José Camilo Cela (Spain)*

4. **Spanish Short Stories: Cuentos Hispánicos: Volume 2** (Penguin Parallel Text Series) edited by Gudie Lawaetz, 1972. *Includes stories by Carlos Fuentes (Mexico), Ana Maria Matute (Spain), Mario Vargas Llosa (Perú), Norberto Fuentes (Cuba), Julio Cortázar (Argentina)*

5. **Spanish Short Stories: Cuentos en Español** (New Penguin Parallel Text Series) edited by John R King, 1999. *Includes stories by Isabel Allende (Chile), Julio Ramón Ribeyro (Perú), Laura Freixas (Barcelona)*

Authors

Isabel Allende (Chile): *La Casa de los Espíritus, Paula*

Ángeles Caso (España): *Contra el Viento*

Laura Esquivel (Mexico): *Como Agua Para Chocolate*

Carlos Fuentes (Mexico): *Aura*

Federico García Lorca (España): *La Casa de Bernarda Alba / Bodas de Sangre / Yerma*

Gabriel García Márquez (Colombia): *Cien Años de Soledad*

Carlos Ruiz Zafón (España): *La sombra del viento*

Juan Rulfo (Mexico): *Pedro Páramo / El Llano en Llamas*

Acknowledgements

The support and encouragement of many people have been crucial in the writing of this Guide.

First and foremost we would like to thank all our students from The Godolphin & Latymer School who have given us permission to use their texts and orals in this Guide: Chiara Brignone, Jenny Bates, Lilli Beard, Cheryl Lim, Jessika Larsson, Gabby Simon, Tessa Denney, Harriet Rivkin, Camila Boyer, Chloë Burrows, Margaux Simon, Tamar Gottesman, Amanda Salvest, Alice Alexandre, Alice McKenzie, Alex Smith, Dima Suleiman, Lea Stam, and last but not least, Nicole Carter from the OSC Revision Course. In fact, each and every one of our Spanish IB students over the past few years has contributed to the development of this Guide, as their collaboration and enthusiasm for Spanish has made us not just better teachers, but better IB teachers.

All the texts in Chapter 1 are the authors' own, with the exception of:

- Extracts from *El Techo* by Horacio Quiroga & *La Guardia* by Juan Goytisolo from *Spanish Stories: Cuentos Españoles (A Dual-Language Book)*, edited by Angel Flores, 1987– re-printed with kind permission from the publishers, Dover Publications, Inc., New York
- *Dr Perro, Dr Delfín* – adapted with kind permission from Revista Mía
- *Los jóvenes "okupan" el Senado* – adapted with kind permission from Aula el Mundo
- All pictures come from Microsoft Office Clip Art, www.freedigitalphotos.net and www.copyrightfreephotos.com

We both wish to thank Julia Sheikh, Alfredo Ramos Plasencia and Toby Seth for their proof-reading. Thanks also go to Rachel Hart for her continued faith in us, and Carolyn Trimming, our wonderful IB Coordinator, who originally introduced us to OSC.

Helena Matthews personally wishes to thank all colleagues at the Godolphin & Latymer School, in particular, Alexandra Prodhomme for sharing the IB journey from the start, Caroline Drennan for her ongoing wisdom and mentoring, and Thania Troya for being such a fantastic colleague and co-writer. She also wishes to thank her family and friends for their encouragement throughout this project.

Thania Moreno Troya would similarly like to thank colleagues at G&L for their support and incessant sharing of ideas and Julia Hodgkins in particular for always saying yes to IB training. She would also like to thank her husband, who has been a fantastic support from the beginning, and the rest of her family and friends for their faith in this project. Finally, she would like to thank Helena Matthews for guiding her into the IB world.

Last, but not least, we wish to thank Simon Watts at Tula Publications, as well as David Russell and all the team at OSC for giving us this opportunity. We hope it is a success.

We hope that the students who buy this Guide enjoy using it and manage to approach their examinations with a greater sense of confidence. We are very interested in your feedback, so if you have any suggestions for a future edition, please email Helena Matthews & Thania Moreno Troya care of osc@osc-ib.com.